# Planen, gründen, wachsen

## Mit dem professionellen Businessplan zum Erfolg

S 0506   2 3 / 2001 2000

Autorenteam: Martin Heucher, Daniel Ilar, Thomas Kubr, Heinz Marchesi

McKinsey & Company, Inc., Switzerland
Alpenstrasse 3, CH-8065 Zürich

Copyright © 1997, 1999 by McKinsey & Company, Inc., Switzerland

Gestaltung und Realisation: Mifflin-Schmid, Zürich

Printed in Austria

# Inhalt

| | |
|---|---|
| Vorworte zur 1. und 2. Auflage | ii |
| Dank | iv |

| | |
|---|---|
| **Über dieses Handbuch** | 1 |

| | |
|---|---|
| **Teil 1: Gründungsprozess und Lebensweg von Wachstumsfirmen** | 7 |

| | |
|---|---|
| **Teil 2: Geschäftsidee – Konzeption und Präsentation** | 21 |
| Fallbeispiel CityScape | 39 |

| | |
|---|---|
| **Teil 3: Ausarbeitung des Businessplans** | 43 |
| Einleitung | 45 |
| 1. Executive Summary | 49 |
| 2. Produktidee | 51 |
| 3. Unternehmerteam | 57 |
| 4. Marketing | 65 |
| 5. Geschäftssystem und Organisation | 87 |
| 6. Realisierungsfahrplan | 103 |
| 7. Risiken | 109 |
| 8. Finanzierung | 115 |
| **Businessplan CityScape** | 141 |

| | |
|---|---|
| **Teil 4: Eigenmittelbeschaffung und Unternehmensbewertung** | 171 |

| | |
|---|---|
| **Anhang** | 201 |
| Ausführliches Inhaltsverzeichnis | 203 |
| Glossar | 209 |
| Literaturverzeichnis | 218 |
| Internet-Adressen | 219 |

## VORWORT ZUR 1. AUFLAGE

In Universitäten, Hochschulen und Instituten, aber auch in bestehenden Unternehmen liegt ein enormes, wirtschaftlich nicht ausgeschöpftes Potential von technologischen Neuentwicklungen und Produkt- und Service-Ideen.

Darauf basierende Geschäftskonzepte – auch „Businesspläne" genannt – sollten, um wirtschaftlich Erfolg zu versprechen, eine detaillierte Ausarbeitung und Planung der operativen Massnahmen, der Personalressourcen und der geplanten Investitionen umfassen. Konzepte zuerst detailliert zu durchdenken und zu planen ist einfach schneller und billiger, als diese sofort auszuprobieren. Leider wird oft weder „ausprobiert" noch „durchdacht". Der Businessplan stellt nicht nur das notwendige Rahmenkonzept für Ihre Unternehmensplanung dar, sondern ist auch das geeignete Kommunikationsmittel, um sowohl die Mitarbeiter des Unternehmens, die Venture-Capital-Gesellschaften, die das Unternehmen beim Aufbau unterstützen, Finanzierungsinstitute als auch in zunehmendem Masse wichtige Schlüsselkunden oder strategische Partner vom Erfolgspotential Ihres Konzeptes zu überzeugen und dafür zu gewinnen.

Ein Businessplan gibt ebenso einem bestehenden Unternehmen die Möglichkeit, neue Aktivitäten zu beurteilen und zu kommunizieren und über Diversifikation oder Spin-offs wirtschaftlich sinnvoll zu entscheiden. In schnell wachsenden und sich dynamisch verändernden Hochtechnologiemärkten wie Internet, E-Commerce oder Netzwerk-Technologien ist zudem eine laufende Überarbeitung dieses Geschäftsplanes notwendig. Bei Kapitalerhöhungen, bei der Vorbereitung eines Börsenganges oder auch beim Verkauf eines Unternehmens bietet der Businessplan die Kommunikationsbasis für Investoren, Investmentbanken und Analysten.

Dieses Buch stellt nicht die rein betriebswirtschaftliche Planung in den Vordergrund, sondern legt den Schwerpunkt auf die entscheidenden Erfolgsfaktoren wie Produkt- und Kundennutzen, Fokussierung der Unternehmensstrategie, Anforderungen an das Managementteam sowie Marketing- und Vertriebskonzepte. Und dies in verständlicher Sprache und mit griffigen Beispielen. Dass eine Geschäftsidee auch „Geld verdienen muss", um Venture-Capital-Gesellschaften und Mitarbeiter zu überzeugen, dass die Wertsteigerung des Unternehmens das Ziel ist, wird ebenso überzeugend erläutert wie die Massnahmen, die hierfür getroffen werden müssen.

Dieses Buch sollte daher zur Pflichtlektüre eines angehenden Gründers und Unternehmers gehören. Ich bin davon überzeugt, dass ebenfalls viele schon „gestandene" und erfahrene Unternehmer mit Hilfe des vorliegenden Buches die eigenen Aktivitäten besser durchplanen und insbesondere besser kommunizieren können.

Wenn künftig öffentliche Förderstellen einen Businessplan als Bewertungsgrundlage für ihre Entwicklungsförderung stärker als bisher nutzen, wenn bei Banken und Finanzierungsinstituten Businesspläne als Beurteilungsbasis für die Erfolgseinschätzung von Hochtechnologie-Unternehmen eine höhere Bedeutung erlangen und nicht wie bisher die reine betriebswirtschaftliche Analyse im Vordergrund steht, dann ist ein wichtiger Schritt in Richtung „Businessplan-Kultur" gelungen.

Dieses Buch wird Sie dabei unterstützen.

Dr. Gerd Köhler
TECHNOLOGIEHOLDING VC GMBH
Bad Homburg

## VORWORT ZUR 2. AUFLAGE

Seit etwa Mitte der 90er Jahre ist in Mitteleuropa eine erstaunliche Bewegung in die Gründerszene gekommen. Wurden bis dahin Regionen wie das Silicon Valley andächtig bewundert, um dann zum Schluss zu kommen, dass so etwas bei uns nun einmal nicht möglich ist, so gibt es unterdessen schon in etlichen europäischen Regionen eine echte Aufbruchsstimmung und die wachsende Überzeugung, dass „wir es auch schaffen können".

Regionen wie München, Zürich oder Köln haben sich in den letzten Jahren verstärkt den Herausforderungen gestellt und aktiv an den Voraussetzungen für eine dynamische Gründerkultur gearbeitet. Sie haben erkannt, dass die blosse Verfügbarkeit von Ideen und technischem Know-how noch keinen Gründungsboom auslösen oder gar eine Region im Innovationswettbewerb nach vorn bringen kann. Dazu müssen weitere zentrale Voraussetzungen geschaffen werden. Und in dieser Hinsicht hat sich in den letzten Jahren einiges getan:

So ist die Verfügbarkeit von Wagniskapital und erfahrenen Risikokapitalgebern seit Mitte der 90er Jahre drastisch gestiegen. Diese Entwicklung ist stark begünstigt durch die Einführung von Wachstumssegmenten an den europäischen Börsen, wie sie in den USA seit langem erfolgreich existieren. Denn damit entstanden hierzulande erstmals attraktive Ausstiegsoptionen für Venture-Capital-Geber. In der Folge haben sich die Chancen für Unternehmen in der frühen Aufbauphase, Kapital zu beschaffen, immer weiter verbessert. Das Investitionsvolumen im Early-stage-Bereich verfünffachte sich in Deutschland innerhalb nur weniger Jahre. Dabei hat sich der Standort München zu einer Metropole für Venture Capital in Europa entwickelt.

Ebenso wichtig für die sich entwickelnde Gründerkultur war der deutliche Anstieg gründungswilliger Entrepreneure, die auch zunehmend das notwendige Know-how besitzen oder leichter erwerben können, um erfolgversprechende Unternehmen in Zukunftsbranchen gründen zu können.

Vergleichsweise unterentwickelt sind dagegen noch die regionalen Netzwerke – die wichtigste Voraussetzung für die nachhaltige Schaffung einer Gründerkultur. Nur wenige Regionen haben Prozesse in Gang gesetzt, um die Beteiligten am Gründungsprozess – die Ideenträger, die Unternehmer, die Risikokapitalgeber und die professionellen Dienstleister – untereinander zu vernetzen. Nur die Vernetzung sorgt für einen genügend schnellen und intensiven Erfahrungsaustausch, vereinfacht die Suche nach geeigneten Partnern für eine Unternehmensgründung und ermöglicht einmal gescheiterten Gründern, Erfahrung und Wissen in einem zweiten Versuch mit Erfolg einzubringen.

McKinsey trägt aktiv zu diesen positiven Entwicklungen bei. Seit vielen Jahren sind Unternehmertum, Gründung und profitables Wachstum Gegenstand der Know-how-Entwicklung und Beratung bei McKinsey. Spezielle Initiativen zielen darauf ab, die Erfolgsvoraussetzungen schnell wachsender, innovativer Start-ups zu verbessern. So haben wir 1996 in München und Berlin den ersten grösseren Businessplan-Wettbewerb in Europa ins Leben gerufen. In beiden Regionen haben sich die Wettbewerbe erfolgreich etabliert und werden im jährlichen Rhythmus wiederholt. Insgesamt führten sie bisher zu weit über 100 Unternehmensgründungen, mehr als 100 Millionen Euro investiertem Venture Capital und einigen Tausend neuen Arbeitsplätzen. Die vielversprechenden Erfahrungen aus den ersten Wettbewerben hat McKinsey in anderen Regionen dazu veranlasst, diesen Ansatz aufzugreifen und weiterzuentwickeln. Unterdessen finden Businessplan-Wettbewerbe auch in Zürich, Köln, Göteborg, Nürnberg/Erlangen und Amsterdam statt.

Die Wettbewerbe leisten zweierlei: Zum einen unterstützen sie die Teilnehmer über mehrere Wettbewerbsphasen bei der systematischen Erstellung eines erfolgversprechenden Geschäftsplans. Zum andern stellen sie ein umfassendes Netzwerk aus erfahrenen Unternehmern, Venture-Capital-Gebern und professionellen Dienstleistern zur Seite, um intensives Coaching, Feedback und Zugang zu Erfolgsbeispielen mit Vorbildfunktion sicherzustellen.

Basierend auf diesem Ideengerüst haben der Stern, die Sparkassen und McKinsey 1997 den Start*Up*-Wettbewerb deutschlandweit ins Leben gerufen. Die breite Resonanz gleich im ersten Jahr machte deutlich, in welchem Ausmass Interesse an Unternehmensgründungen besteht: über 50'000 Interessenten haben das Start*Up*-Handbuch abgerufen und über 2'000 Teilnehmer reichten ihre Geschäftspläne ein. Inzwischen ist der Start*Up*-Wettbewerb als Deutschlands und wohl auch Europas grösster Gründungswettbewerb zu einer jährlichen Institution geworden.

In der Schweiz hat McKinsey 1997–98 gemeinsam mit der ETH Zürich den Businessplan-Wettbewerb *Venture 98* für Studierende an Schweizer Universitäten und Fachhochschulen lanciert. Der grosse Erfolg hat uns veranlasst, den Wettbewerb gemeinsam mit der ETH Zürich in diesem Jahr als Venture 2000 fortzuführen.

Aufbauend auf diesen Initiativen und Entwicklungen startete McKinsey 1998 einen eigenen Beratungszweig: McKinsey New Venture. Diese Gruppe ist voll in das weltweite McKinsey-Erfahrungsnetz eingebunden und berät junge, ambitionierte Wachstumsunternehmen unmittelbar nach der Gründung, während der Wachstumsphase sowie beim Börsengang und danach mit massgeschneiderten Beratungskonzepten. Auch Kapitalgeber und traditionelle Klienten von McKinsey greifen zunehmend auf die Beratungsleistungen von McKinsey New Venture zu, um ihren Anteil an erfolgreichen neuen Geschäften zu erhöhen.

Das vorliegende Handbuch entstand auf Initiative von McKinsey Schweiz als Anleitung für die Teilnehmenden von *Venture 98*. Die aktuelle Auflage wurde um Erkenntnisse aus Businessplan-Wettbewerben und der New-Venture-Beratungspraxis von McKinsey ergänzt. Wir wollen damit dazu beitragen, unsere Erfahrungen der neuen Generation von Unternehmensgründern zu vermitteln und sie weltweit wettbewerbsfähig zu machen.

Dr. Thomas Knecht
Managing Director
McKinsey & Company Schweiz

Dr. Lothar Stein
Director
McKinsey & Company München

**DANK**

Bei der inhaltlichen Gestaltung und Bearbeitung des Buches haben sich die Autoren auf das Beratungs-Know-how und die Erfahrung von McKinsey mit zahlreichen Start-up-Projekten weltweit stützen können. Auch viele erfolgreiche Unternehmer und führende Venture Capitalists haben unser Buchprojekt bereitwillig unterstützt und aus erster Hand berichtet, wie erfolgreiche Unternehmen zustande kommen und worauf Firmengründerinnen und Firmengründer achten sollten. Wir danken Bernard Cuandet, Peter Friedli, Matthias Reinhart, Olivier Tavel, Hans van den Berg, Branco Weiss, Brian Wood und Hans Wyss für die vielen Hinweise aus der Praxis.

Zahlreiche unserer Kolleginnen und Kollegen von McKinsey Schweiz und Deutschland haben in der einen oder anderen Form zum Gelingen dieses Buches beigetragen. Besonders danken wir Benedikt Goldkamp, Jules Grüninger, Ralf Hauser, Regina Hodits, Ueli Looser, Alexander Moscho, Christian Reitberger, Felix Rübel, Bruno Schläpfer, Georg Schubiger, Florian Schulte, Barbara Staehelin. Susanne Brülhart danken wir für ihr umsichtiges Korrekturlesen.

*Das Autorenteam:* Martin Heucher, Daniel Ilar, Thomas Kubr, Heinz Marchesi.

# Über dieses Handbuch

**Victory usually goes to those green enough to underestimate the monumental hurdles they are facing.**

*Richard Feynman*
*Physiker*

# Über dieses Handbuch

Dieses Handbuch handelt von der Gründung innovativer, wachstumsstarker Firmen. Lesen Sie es, wenn Sie zu den Menschen gehören, die eine neue Geschäftsidee mit hohem Wachstumspotential haben und diese entwickeln und realisieren wollen. Ihr Ziel sollte sein, ein Unternehmen zu gründen, das nach fünf Jahren 50 Millionen D-Mark Umsatz erzielt, mindestens 100 Mitarbeiter beschäftigt und national, wenn nicht gar international tätig ist. Grundsätzlich ist in Zentraleuropa alles vorhanden: An aussichtsreichen innovativen Ideen fehlt es bei uns nicht. Forschung und Technologie können sich international sehen lassen. Auch Geld, z.B. in Form von Venture Capital, ist vorhanden. Es gilt, diese Bedingungen zum Durchbruch zu nutzen.

## Think big

Lassen Sie sich von grossen Vorhaben nicht abschrecken. Der weitaus grösste Schritt ist die Gründung eines Unternehmens selbst: Es erfordert einen gewaltigen Kraftakt, eine Firma mit 5 Millionen Umsatz aufzubauen – und nur unwesentlich mehr, 50 Millionen Umsatz zu erreichen. Oft erleichtern grosse Ambitionen die Aufgabe sogar, denn viele potentielle Partner sind eher für grosse als für kleine Vorhaben zu gewinnen.

## Vom Nutzen des Businessplans

Die Schlüsselfrage bei der Gründung wachstumsstarker Unternehmen ist die Finanzierung. Ohne Kapital von Investoren geht es nicht. Professionelle Investoren fördern nur Projekte, denen ein fundierter Businessplan zugrunde liegt. Das hat mehrere Gründe:

**Der Businessplan**

- zwingt die Firmengründer, ihre Geschäftsidee systematisch zu durchdenken, und verleiht ihr damit die nötige Schlagkraft

- zeigt Wissenslücken auf und hilft, diese effizient und strukturiert zu füllen

- zwingt zu Entscheiden und damit zu fokussiertem Vorgehen

- dient als zentrales Kommunikationsinstrument zwischen den verschiedenen Partnern

- gibt einen Überblick über die benötigten Ressourcen und deckt dadurch Lücken auf

- ist die Trockenübung für den Ernstfall: Es kostet nichts, wenn eine absehbare Bruchlandung während der Businessplanung erkannt wird – später können die Folgen für die Unternehmer, die Investoren und die Mitarbeiter schwerwiegend sein.

Der Businessplan ist die Grundlage zur Verwirklichung einer Geschäftsidee und dient letztlich dazu, das für die Gründung und Entwicklung des Unternehmens notwendige Kapital zu beschaffen.

## ZIELPUBLIKUM DES HANDBUCHES

Dieses Handbuch richtet sich an alle, die ein Unternehmen – speziell ein Wachstumsunternehmen – gründen möchten. Es trägt der Praxis Rechnung, dass erfolgreiche Firmengründer nicht notwendigerweise Betriebswirtschafts- oder Marketing-Experten sind.

Firmengründer ohne betriebswirtschaftliche Ausbildung finden in diesem Handbuch:

- Eine schrittweise Einführung in die Konzepte, die für die Erstellung eines Businessplans und die Finanzierung einer Geschäftsidee notwendig sind.

- Jenes Basiswissen, das erlaubt, in Gesprächen und Verhandlungen kompetent mitzureden und die richtigen Fragen zur Sache zu stellen.

- Business-Jargon. Die wenigen Fachausdrücke, die Sie kennen sollten, werden erklärt. Betriebswirtschaftliche Begriffe sind zudem im Glossar zusammengefasst.

- Hinweise auf weiterführende Literatur.

Firmengründer mit betriebswirtschaftlichen Kenntnissen finden in diesem Handbuch ein Konzept, das ganz auf die Gründung von wachstumsstarken Firmen zugeschnitten ist.

## AUFBAU DES HANDBUCHES

Das Handbuch ist als Arbeitsinstrument und Nachschlagewerk für den Praktiker konzipiert. Diesem Anspruch trägt der Aufbau Rechnung: Er folgt im wesentlichen den Kapiteln eines professionellen Businessplans, wie er zur Beschaffung von Venture Capital erarbeitet werden muss.

Teil 1: Gründungsprozess und Lebensweg von Wachstumsfirmen beschreibt den Gründungsprozess und den Entwicklungsverlauf von wachstumsstarken neu gegründeten Unternehmen.

Teil 2: Geschäftsidee – Konzeption und Präsentation beschreibt, wie Geschäftsideen entstehen, worauf bei der Beschreibung einer Geschäftsidee zu achten ist und wie man erkennt, ob eine Geschäftsidee Aussicht auf Finanzierung hat. Ein Fallbeispiel zeigt, wie eine Geschäftsidee aussehen kann.

Teil 3: Ausarbeitung des Businessplans ist das Kernstück des Handbuches. Die einzelnen Kapitel eines professionellen Businessplans werden ausführlich erläutert. Ökonomisch nicht vorgebildete Leser finden hier auch das nötige betriebswirtschaftliche Grundwissen.

Businessplan CityScape. Ein Beispiel eines professionellen Businessplans.

Teil 4: Eigenmittelbeschaffung und Unternehmensbewertung beschreibt die Interessen der Unternehmensgründer und der Kapitalgeber bei der Finanzierung eines Start-ups, wie die beiden Parteien zu einem Deal kommen können und worauf in den Verhandlungen zu achten ist. Zudem werden Vorgehensweisen vorgestellt, wie der Unternehmenswert praxisnah abgeschätzt werden kann.

Der Anhang enthält das ausführliche Inhaltsverzeichnis, ein Glossar wichtiger Fachausdrücke, Hinweise auf weiterführende Literatur sowie Internet-Adressen zum Thema.

**TEIL 1**

# Gründungsprozess und Lebensweg von Wachstumsfirmen

Teil 1

**Viele sind hartnäckig in bezug auf den eingeschlagenen Weg, wenige in bezug auf das Ziel.**

*Friedrich Nietzsche*
*Philosoph*

# Gründungsprozess und Lebensweg von Wachstumsfirmen

Neue, wachstumsstarke Firmen sind unternehmerische Vorhaben mit der Ambition, fünf Jahre nach Gründung mindestens 50 Millionen D-Mark Umsatz zu erzielen oder mindestens 100 Mitarbeiter zu beschäftigen. In dieser Zeit soll aus dem Start-up ein etabliertes Unternehmen entstanden sein. Das unterscheidet sie wesentlich von weniger ambitiösen Firmengründungen. Wachstumsstarke neue Firmen können sich nur selten aus eigener Kraft finanzieren; sie sind auf finanzkräftige professionelle Investoren angewiesen. Für die Gründer eines wachstumsstarken Unternehmens wird die Finanzierung zur Daseinsfrage: Das Gründungsvorhaben muss somit von Beginn weg mit den Augen der zukünftigen Investoren betrachtet werden.

In diesem Kapitel erfahren Sie,
- welche Faktoren für eine erfolgreiche Firmengründung unabdingbar sind
- wie professionelle Investoren eine Neugründung betrachten
- wie der Gründungsprozess wachstumsstarker Unternehmen typischerweise abläuft.

# ERFOLGREICHE UNTERNEHMENSGRÜNDUNG

Erfolgreiche Unternehmen entstehen aus der Verbindung von drei Elementen.

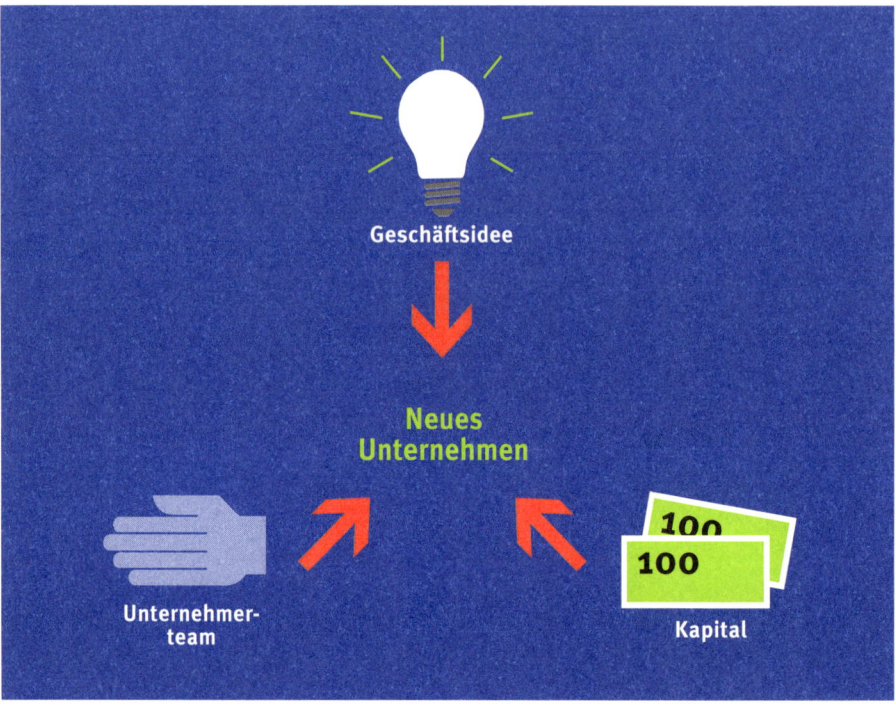

1. Ohne Geschäftsidee kein Geschäft. Mit der Idee ist der kreative Prozess aber nicht abgeschlossen, er beginnt erst. Viele Firmengründer sind anfänglich verliebt in ihre Idee und verkennen, dass sie bestenfalls Ausgangspunkt einer langen Entwicklung sein kann und harte Prüfungen bestehen muss, bis sie als ausgereifte Geschäftsidee Aussicht auf Finanzierung und Markterfolg hat.

2. Geld ist unabdingbar. Kapital ist in Zentraleuropa zum Glück ausreichend vorhanden, so dass aussichtsreiche Projekte – aus Sicht eines Investors – auch Geld finden.

3. Das Managementteam ist das kritische Element einer Firmengründung. Was ein gutes Managementteam auszeichnet, ist im Kapitel 3 „Gründerteam" ausführlicher diskutiert. Wachstumsstarke neue Firmen sind keine Einmannunternehmen; sie sind nur mit einem Team aus in der Regel drei bis fünf Unternehmern realisierbar, deren Fähigkeiten sich ergänzen. Teambildung ist erfahrungsgemäss ein schwieriger Prozess, der viel Zeit, Energie und Einfühlungsvermögen erfordert. Beginnen Sie deshalb gleich damit, und arbeiten Sie während des ganzen Gründungsprozesses daran.

## DIE BETRACHTUNGSWEISE DER INVESTOREN

Der gesamte Gründungsprozess muss auf die erfolgreiche Kapitalbeschaffung ausgerichtet sein. Professionelle Investoren sind vorerst der härteste Test für die Erfolgsaussichten Ihrer Geschäftsidee. Richten Sie Ihre Kommunikation ganz auf Investoren aus, und lernen Sie, wie sie zu denken. Mit der Beschreibung einer Geschäftsidee – mag sie noch so genial sein – werden sie sich nicht zufriedengeben. Investoren wollen genau wissen, wofür sie ihr Geld investieren – und vor allem mit wem. Das Team ist für sie mindestens so wichtig wie die Idee. Investoren wollen auch von Anfang an wissen, wann ihr Engagement endet und wie sie ihre Investition zurückerhalten. Die Realisierung des Gewinns ist immer Ziel und Zweck der Beteiligung von Investoren.

## Unternehmensfinanzierung mit Venture Capital

### Was ist Venture Capital?
Venture Capital ist Geld, das von Risikokapitalgesellschaften oder einzelnen Personen für die Finanzierung von neuen Unternehmen bereitgestellt wird. Solche Projekte haben typischerweise hohe Gewinnchancen, aber auch ein hohes Verlustrisiko. Venture Capitalists wollen aus ihrer Beteiligung einen dem Risiko entsprechenden Gewinn erzielen und begleiten ein Gründungsprojekt deshalb intensiv, um das Potential auch auszuschöpfen.

### Was leisten Venture Capitalists für das neue Unternehmen?
Venture Capitalists sind zugleich

- Coaches und Motivatoren des Gründerteams
- Spezialisten im Aufbau von neuen Unternehmen
- Türöffner zu einem Netz erfahrener Unternehmer
- Ratgeber bei der Realisierung des Erfolgs
  (Verkauf der Firma, Börsengang).

Auf der anderen Seite werden Venture Capitalists auch die Zügel in die Hand nehmen, wenn das Unternehmerteam hinter den vereinbarten Zielen zurückbleibt.

### Wie wählen Sie einen Venture Capitalist aus?
Venture Capitalists erwarten in der Regel eine hohe Beteiligung am neuen Unternehmen. Dafür sind sie mit tatkräftiger Unterstützung, die weit über das finanzielle Engagement hinausgeht, massgeblich für den Geschäftserfolg mitverantwortlich. Hierin unterscheiden sich auch die verschiedenen Venture Capitalists. Das Unternehmerteam sollte seine Investoren deshalb gut kennen. Wenn Sie lieber 20% eines 100-Millionen-Unternehmens besitzen wollen als 80% eines 5-Millionen-Betriebes, werden Sie Ihre Investoren nicht nur danach auswählen, wer am meisten Geld zu den günstigsten Konditionen einbringt.

## GRÜNDUNG IN DREI ENTWICKLUNGSSTUFEN

Die Denkweise des Investors spiegelt sich im typischen Verlauf der Gründung und Entwicklung wachstumsstarker Unternehmen. Für Investoren endet jede Phase mit einem Meilenstein und für den Firmengründer mit einer Hürde, die es zu meistern gilt. Inhalt und Hürden der einzelnen Phasen zu kennen erspart Ihnen als Unternehmensgründer nicht nur vergebliche Mühe, sondern auch Enttäuschungen.

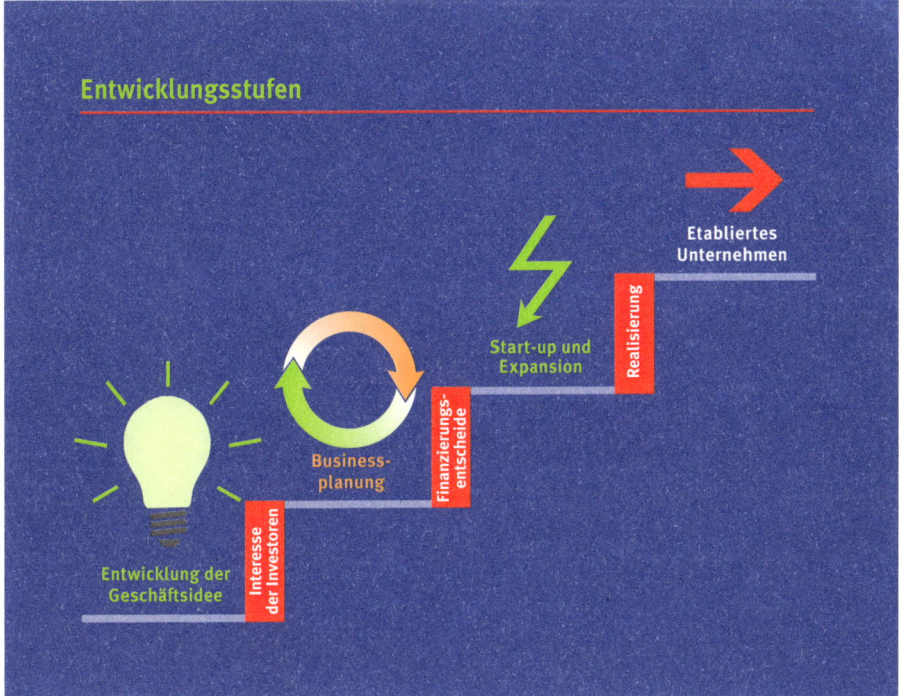

In Stufe 1 werden Sie Ihre Geschäftsidee zu Papier bringen und aufgrund einiger weniger Schlüsselgrössen auf ihre Markttauglichkeit hin analysieren. Hürde dieser Phase wird für Sie als Firmengründer sein, das Interesse von Investoren für die Geschäftsidee zu wecken und sie von der grundsätzlichen Finanzierungswürdigkeit zu überzeugen.

In Stufe 2 werden Sie die Geschäftsidee in Form eines Businessplans weiterentwickeln. Hürde dieser Phase wird für Sie sein, die Mittel für die Finanzierung des Geschäftsaufbaus zugesprochen zu erhalten.

**Teil 1**

# Use the planning process to decide if the business is really as good as you think.
# Ask yourself if you really want to spend five years of your life doing this.

*Eugene Kleiner*
*Venture Capitalist*

In Stufe 3 kommt die Hauptarbeit auf Sie zu. Mit dem Businessplan müssen Sie ein funktionierendes Unternehmen aufbauen. Ziel ist ein erfolgreiches Geschäft, das Gewinn erwirtschaftet und Hunderten von Menschen interessante Tätigkeiten bietet. Für die Investoren ist dann die Zeit zum Ausstieg gekommen: Ihre Firma ist kein Start-up mehr, sondern ein etabliertes Unternehmen, das an die Börse gebracht oder auch an eine andere Firma verkauft werden kann.

Dieser Gründungsprozess wird Ihre Aufgabe als Initiant einer Geschäftsidee und Ihren Weg bis zur eigenen Firma prägen, wenn Sie erfolgreich sein wollen. Die Anforderungen der Investoren bestimmen massgeblich, wie und mit welcher Einstellung Sie an die einzelnen Etappen der Gründung herangehen müssen.

### Stufe 1: Entwicklung der Geschäftsidee

Am Anfang steht die „geniale" Idee – die Lösung für ein Problem. Das kann ein neues Produkt oder eine neue Dienstleistung sein; es kann aber auch eine Innovation innerhalb bestehender Geschäfte sein, ein neues Herstellungsverfahren zum Beispiel, eine neue Vertriebsform oder sonst eine Verbesserung in der Gestaltung, der Erzeugung oder im Verkauf einer Marktleistung. Die Idee muss daraufhin geprüft werden, ob es dafür auch Kunden gibt und wie gross der „Markt" sein wird. An und für sich hat eine Idee keinen Wert; erst wenn sie erfolgreich in einem „Markt" umgesetzt werden kann, erhält sie einen ökonomischen Wert.

Sie müssen nun auch damit beginnen, ein Team zusammenzustellen und Partner zu finden, die Ihr Produkt oder Ihre Dienstleistung bis zur Marktreife (oder zumindest bis kurz davor) weiterentwickeln – bei Produkten wird das meist ein funktionierender Prototyp sein. In dieser Phase werden Sie in der Regel ohne Venture-Kapital auskommen müssen. Sie finanzieren Ihr Vorhaben noch mit eigenem Geld, mit Unterstützung von Bekannten, vielleicht staatlichen Forschungszuschüssen, Beiträgen von Stiftungen oder anderen Zuwendungen – Investoren sprechen von „seed money", weil Ihre Idee als Keimling noch nicht dem rauhen Klima des Wettbewerbs ausgesetzt ist.

Ihr Ziel für diese Phase muss sein, Geschäftsidee und Markt – das Fundament Ihrer neuen Firma – so klar und prägnant darzustellen, dass potentielle Investoren sich dafür interessieren, Ihre Idee gemeinsam mit Ihnen weiterzuentwickeln. Grundsätzliches und praktische Hinweise finden Sie in Teil 2 dieses Handbuches.

### Stufe 2: Ausarbeitung des Businessplans

Investoren, die neue, wachstumsstarke Unternehmen finanzieren, werden sich nicht damit begnügen, Businesspläne zu lesen. Sie werden in der Regel bei der Erstellung des Businessplans mitwirken wollen, bevor sie sich am künftigen Unternehmen beteiligen. Sie werden das Managementteam als Coach begleiten und ihre Branchenerfahrung und Beziehungen einbringen. In erster Linie wollen sie dabei die Menschen kennenlernen, die hinter der Idee stecken. Gehen sie mit Selbstvertrauen und Zuversicht an ihre Aufgabe heran? Zeigen sie Führungs- und Kommunikationsfähigkeiten? Sind sie offen und ehrlich? Haben sie einschlägige Erfahrung? Und nicht zuletzt: Sind der Wille zum Erfolg und die Fähigkeit, Lösungen auch umzusetzen, spürbar?

#### *Den Blick für das Ganze schulen*

Entscheidend in dieser Phase ist, das Ganze im Auge zu behalten. Verlieren Sie sich nicht in Details! Der Businessplan hilft Ihnen dabei: Sie müssen die Risiken Ihrer Geschäftsidee durchdenken und abwägen. Sie müssen sich auf Unvorhergesehenes einstellen, in „Szenarien" denken lernen. Sie müssen Pläne und erste Budgets für die wichtigsten Funktionen des Unternehmens erstellen – für Entwicklung, Produktion, Marketing, Vertrieb, Finanzen. Und natürlich müssen Sie zahlreiche Entscheide treffen: Welche Kunden oder Kundensegmente sprechen Sie an? Welchen Preis werden Sie für Ihr Produkt oder Ihre Dienstleistung verlangen? Wo ist der beste Standort für Ihr Geschäft? Werden Sie selbst produzieren oder mit Dritten kooperieren? Und so weiter.

In der Planungsphase haben Sie auch mit vielen Kontaktpersonen ausserhalb Ihres Gründerteams zu tun. Neben den Investoren werden Sie mit vielen Experten sprechen: mit Anwälten, Steuerberatern, Werbefachleuten. Sie müssen auch den Kontakt zu Ihren potentiellen Kunden suchen, um erste Marktschätzungen vorzunehmen. Sie werden Lieferanten ausfindig machen und eventuell bereits erste Verträge abschliessen. Und Sie werden Ihre Konkurrenten kennenlernen wollen.

### *Risiken eingrenzen*

Die Phase der Geschäftsplanung ernsthaft und mit der gebotenen Seriosität anzugehen lohnt sich auf jeden Fall: Letztlich wird der Markt über den Wert Ihrer Geschäftsidee entscheiden und dabei ein gnadenloser Richter sein. Der Businessplan dient dazu, eine Idee vor diesem ultimativen Test zu durchleuchten – als Prüfstand für das spätere reale Geschäftsleben. Bei der Erarbeitung des Businessplans werden Sie gemeinsam mit dem zukünftigen Investor alle Facetten des Geschäfts einmal „trocken durchspielen". Der Venture Capitalist ist dabei der härteste, weil realistischste Prüfer. Sie werden in dieser Phase beweisen müssen, dass das Geschäft funktionieren kann, dass die betriebswirtschaftlichen Planannahmen realistisch sind, dass Sie und Ihr Team in der Lage sind, das Geschäft im Markt zum Erfolg zu führen. Trotz aller Vorkehrungen bleibt eine Wachstumsfirma für den Investor ein Risiko: Die Erfahrung zeigt, dass von 10 finanzierten Geschäften sich im Durchschnitt nur eines als Schlager erweist, drei sich einigermassen entwickeln, drei dahinsiechen und drei Totalverlust erleiden. Es ist also nur verständlich, wenn der Investor alles Menschenmögliche unternimmt, um die Risiken seiner Investition in Grenzen zu halten – umgekehrt ist das Risiko natürlich sein Geschäft.

### *Aufwand mit eigenen Mitteln finanzieren*

In dieser intensiven Konzeptionsphase nehmen natürlich auch die Kosten zu. Das Team muss seinen Lebensunterhalt bestreiten, ein rudimentärer Betrieb muss aufrechterhalten, ein Produkt-Prototyp weiterentwickelt werden. Der Kostenrahmen sollte aber auch in dieser Phase für Sie abschätzbar sein. Die Finanzierung wird noch immer von den gleichen Quellen wie in der ersten Phase getragen werden müssen. Gelegentlich werden Investoren aber zu einem Vorschuss bereit sein.

Für Sie als Unternehmensgründer ist diese Phase dann erfolgreich abgeschlossen, wenn der Investor sich bereit erklärt, Ihr Vorhaben zu finanzieren. Im Teil 4 dieses Handbuches lesen Sie Ausführlicheres zu diesen Fragen.

### Stufe 3: Firmengründung, Marktauftritt und Wachstum

Nun sind die konzeptionellen Arbeiten im wesentlichen abgeschlossen, und es beginnt die Umsetzung des Businessplans. Sie werden vom Designer des Geschäftes zu seinem Erbauer. Der Geschäftserfolg muss jetzt im Markt erarbeitet und durchgesetzt werden. Wesentliche Aufgaben sind zum Beispiel:

- Firmengründung
- Aufbau der Organisation und Führung
- Aufbau der Produktion
- Werbung
- Markteinführung
- Reaktion auf Bedrohungen: Konkurrenten, technologische Entwicklungen
- Ausbau der Produktion
- Erschliessen neuer Märkte
- Entwicklung neuer Produkte

In dieser Phase wird sich erweisen, ob Ihre Geschäftsidee gut und richtig war – und letztlich Gewinn abwirft.

### Ziel erreicht: Realisierung des Erfolgs

Mit der Realisierung dokumentieren Sie den Erfolg der Unternehmung. Wenn alles gut gegangen ist, werden Sie das Geschäft mit mindestens dem Gewinn verkaufen können, den Sie im Businessplan angestrebt haben. Der gewinnbringende Ausstieg, der „exit", stand für die Investoren von Anfang an als Ziel fest. Das heisst aber nicht, dass auch Sie als Unternehmer aussteigen. Ein Unternehmer bleibt vielfach im Geschäft, jedoch oft mit reduziertem finanziellem Engagement. Nicht zuletzt können die Unternehmer dann auch die finanziellen Früchte ihrer Arbeit geniessen.

Der Kapitalabzug kann ganz verschiedene Formen haben. Normalerweise wird das Unternehmen verkauft, zum Beispiel an einen Konkurrenten, Lieferanten oder Kunden, oder es wird an die Börse gebracht – man spricht dann von Initial Public Offering (IPO). Möglich ist auch, dass Investoren, die aussteigen wollen, von den anderen Partnern ausbezahlt werden.

### Lohn der Anstrengung

Aus Ihrem Risikounternehmen ist inzwischen ein etabliertes Unternehmen geworden. Sie haben in seinem noch kurzen Dasein viele Arbeitsplätze geschaffen und mit innovativen Problemlösungen viele Kunden gewonnen. Und natürlich hat sich Ihr Einsatz auch finanziell für Sie ausbezahlt.

# Shoot for the moon. Even if you miss it you will land among the stars.

*Les Brown*
*Amerikanischer Redner und Autor*

TEIL 2

# Geschäftsidee
## Konzeption und Präsentation

**You look at any giant corporation, and I mean the biggies, and they all started with a guy with an idea, doing it well.**

*Irvine Robbins*
*Unternehmer*

# Geschäftsidee – Konzeption und Präsentation

Ausgangspunkt eines jeden erfolgreichen Unternehmens ist die überzeugende Geschäftsidee. Sie ist der erste Meilenstein im Gründungsprozess eines Wachstumsunternehmens. Um Investoren als Partner für Ihr zukünftiges Geschäft zu finden, müssen Sie Ihre Geschäftsidee aus Sicht des Investors ausformulieren, d.h. prägnant und konzis aufzeigen, welchen Kundennutzen das zukünftige Geschäft für welchen Markt erbringt und wie Sie damit Geld verdienen werden.

In diesem Kapitel erfahren Sie,
- wie eine Geschäftsidee gefunden und entwickelt wird
- was eine überzeugende Geschäftsidee enthalten muss
- wie Sie Ihre Geschäftsidee gegenüber Investoren präsentieren.

Das Fallbeispiel „CityScape" am Schluss dieses Kapitels zeigt Umfang und Detailgrad einer ausgearbeiteten Geschäftsidee und eine mögliche Form der Präsentation.

**Teil 2**

**The best way to have a good idea is to have a lot of ideas.**

*Linus Pauling*
*Chemiker*

## WIE EINE GESCHÄFTSIDEE GEFUNDEN...

Untersuchungen zeigen, dass der Grossteil neuer und erfolgreicher Geschäftsideen von Leuten entwickelt wird, die bereits einige Jahre einschlägige Erfahrung haben. Wer eine Geschäftsidee zur nötigen Reife entwickeln will, braucht vertiefte Kenntnis der Technologie, des Kundenverhaltens oder der Branche. Gordon Moore und Robert Noyce zum Beispiel hatten bereits mehrere Jahre Erfahrung bei Fairchild Semiconductors gesammelt, bevor sie Intel gründeten. Moritz Suter, der Gründer der Regionalfluggesellschaft Crossair, war vorher Captain bei der Swissair.

Es gibt aber auch Beispiele revolutionärer Konzepte, die von „Laien" erfunden worden sind. Steve Jobs und Steve Wozniak brachen ihre Universitätsausbildung ab, um Apple zu gründen. Fred Smith formulierte seine Idee für den weltweiten Paketdienst Fedex während eines Kurses an der Business School.

## ...UND ENTWICKELT WIRD

Ein „göttlicher Funke" ist wirtschaftlich gesehen vorerst nichts weiter als eine noch wertlose Idee, mag sie auch noch so brillant sein. Bis aus der Idee eine ausgereifte Geschäftsidee wird, muss sie in aller Regel mit verschiedenen Parteien entwickelt und ausgearbeitet werden.

Die erste Idee muss einer Plausibilitätsprüfung unterzogen werden, das heisst, Sie müssen ihre Marktchancen grob klären, Überlegungen zur Machbarkeit anstellen und ihren Innovationsgehalt prüfen. (Ist die Idee wirklich neu, hat vielleicht schon jemand anderes daran gedacht – möglicherweise schon ein Patent angemeldet?)

Wahrscheinlich tauchen jetzt eine Reihe von Fragen und erste Schwierigkeiten auf. Sie müssen Ihre Produktidee präzisieren, verbessern, verfeinern, wiederum auf ihre Plausibilität prüfen: Sind die Fragen beantwortet? Sind die Marktchancen nun besser? Und so weiter.

Diskutieren Sie Ihre Idee mit Freunden, Professoren, Experten, potentiellen Kunden: Je intensiver und breiter Sie Ihre Idee abstützen, um so klarer können Sie deren Nutzen und deren Marktchancen beschreiben. Dann sind Sie ausreichend gewappnet, um das Gespräch mit professionellen Investoren zu suchen.

Wie lange soll die Entwicklung einer Geschäftsidee dauern? Das ist sehr unterschiedlich. Weniger als vier Wochen sind angesichts der genannten Entwicklungsschritte kaum wahrscheinlich und wenig realistisch. Die Geschäftsidee für eine Produkt- oder Prozessentwicklung zum Beispiel wird erst dann finanzierungswürdig, wenn sie soweit konkretisiert ist, dass sie in absehbarer Zeit und mit überschaubarem Risiko auf den Markt gebracht werden kann. Das kann Jahre in Anspruch nehmen. Investoren sprechen von der „seed phase" – der Keimphase – einer Geschäftsidee; sie muss in der Regel mit „soft money" finanziert werden, das heisst mit Geldquellen, die noch keine harten Forderungen an den Erfolg des Geschäftes stellen.

Länger dauern kann es auch, wenn eine Idee ihrer Zeit voraus ist: Das perfekte Produkt ist zwar gefunden, aber es kann (noch) nicht umgesetzt werden, weil die Entwicklung komplementärer Technologien oder Systeme abgewartet werden muss. Ein Beispiel ist das Internet: Ideen zur Vermarktung von Dienstleistungen und Produkten waren schon früh da, die mangelnde Sicherheit verfügbarer Zahlungssysteme hat aber die kommerzielle Nutzung des Internets lange Zeit erschwert und verzögert.

## Exkurs: Drei Arten, eine Geschäftsidee zu präsentieren

Eine junge Ingenieurin hat eine Idee für ein neues Produkt und stellt ihre „Geschäftsidee" einem potentiellen Investor vor. Sie weiss, dass sie sofort auf den Punkt kommen muss, um angehört zu werden.

### Beispiel 1: Die „Verkäuferin"
„Ich habe da eine grossartige Idee zu einem neuen kundenfreundlichen Zahlungsmittel mit riesigem Potential; so was haben Sie sich schon immer gewünscht; Sie werden viel Geld damit verdienen ..." Und das denkt der Investor: „Schwätzerin, habe schon Hunderte solcher Wunderideen gehört, langweilig ..."

### Beispiel 2: Die „Technikerin"
„Ich habe eine Idee für eine computerisierte Maschinensteuerung. Der Clou ist der hochintegrierte SSP-Chip mit 12 GByte RAM und die über asymmetrische XXP-Technologie direkt gesteuerte Control Unit; habe fünf Jahre für die Entwicklung gebraucht ..." Und das denkt der Investor: „Tüftlerin, verliebt in technische Details, ihr Markt ist sie selbst ..."

### Beispiel 3: Die „Unternehmerin"
„Ich habe eine Idee, die Unternehmen mit bis zu 100 Mitarbeitern eine Kostenersparnis von 3–5% ermöglicht. Erste Preis- und Kostenanalysen haben mich überzeugt, dass eine Marge von 40–60% möglich sein sollte. Mit dem Verein KMU und der Zeitschrift ABC habe ich einen fokussierten Werbekanal, die Distribution erfolgt über Direktverkauf." Und das denkt der Investor: „Aha, die kennt den Kundennutzen, hat ihn sogar quantifiziert! Hat sich auch Gedanken über den Markt und das Gewinnpotential gemacht und weiss, wie sie das Produkt an ihre Kunden bringen will. Jetzt würde es mich schon brennend interessieren, was das für ein Produkt ist ..."

## Innovative Geschäftsideen

Geschäftsideen lassen sich nach den Dimensionen Produkt/Dienstleistung und Geschäftssystem gliedern, wobei in jeder Dimension entweder auf Bestehendem aufgebaut oder etwas Neues entwickelt werden kann. Unter Geschäftssystem ist vereinfacht gesagt die Art und Weise zu verstehen, wie ein Produkt oder eine Leistung entwickelt, hergestellt und vermarktet wird. Mehr dazu lesen Sie im Teil 3, Kapitel „Geschäftssystem und Organisation".

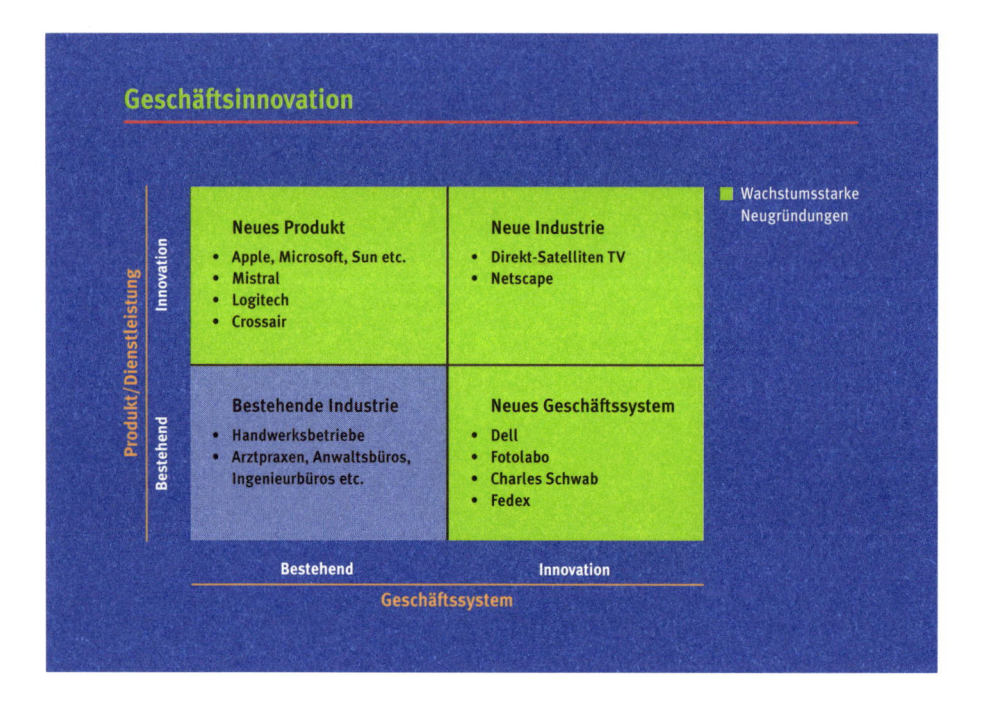

### Geschäftsinnovation

|  | | Geschäftssystem | |
|---|---|---|---|
| **Produkt/Dienstleistung** | | **Bestehend** | **Innovation** |
| | **Innovation** | **Neues Produkt**<br>• Apple, Microsoft, Sun etc.<br>• Mistral<br>• Logitech<br>• Crossair | **Neue Industrie**<br>• Direkt-Satelliten TV<br>• Netscape |
| | **Bestehend** | **Bestehende Industrie**<br>• Handwerksbetriebe<br>• Arztpraxen, Anwaltsbüros, Ingenieurbüros etc. | **Neues Geschäftssystem**<br>• Dell<br>• Fotolabo<br>• Charles Schwab<br>• Fedex |

■ Wachstumsstarke Neugründungen

Der Begriff Innovation wird üblicherweise mit neuen Produkten in Verbindung gebracht, die mit herkömmlichen Produktionsmethoden hergestellt und über herkömmliche Vertriebskanäle zum Kunden gebracht werden. Microsoft entwickelte das neue Betriebssystem DOS und bediente sich der Verkaufsorganisation von IBM, um es auf den Markt zu bringen; der Surfbrett-Hersteller Mistral nutzte für den Vertrieb die bestehenden Sportgeschäfte; Crossair entwickelte das neue „Produkt" Regionalflugverkehr, benutzte für die Umsetzung aber die gleichen Grundelemente wie die grossen internationalen Fluggesellschaften.

Innovationen im Geschäftssystem sind weniger offensichtlich, aber genauso bedeutend. Der Erfolg von Dell beruht auf signifikanten Kosteneinsparungen dank neuartigem Direktvertrieb und neuartiger Produktionsform, indem ein Computer erst nach Eingang einer Bestellung hergestellt wird, und das innert kürzester Zeit. Fotolabo kombiniert in der Fotoentwicklung die Vorzüge des herkömmlichen Fotogeschäfts – zuverlässig, schnell, qualitativ hochstehend – mit den Vorzügen des Versandhandels. Fedex konnte den Briefversand durch zentrale Sortierung und 24-Stunden-Betrieb revolutionieren.

Bei der Entwicklung neuer Produkte steht die Verbesserung der vielschichtigen Dimension „Kundennutzen" im Vordergrund; Innovationen im Geschäftssystem streben vor allem tiefere Kosten an, die dann zum Teil in Form tieferer Preise an die Kunden weitergegeben werden.

Eher selten gelingt es, beide Dimensionen der Innovation – Produkt und Geschäftssystem – zu verbinden und eine neue „Industrie" zu begründen. Netscape hat wesentlich zum Erfolg des World Wide Web beigetragen, indem das neue Produkt „Browser" gratis über das Internet abgegeben wurde (Netscape verdiente sein Geld mit dem Verkauf der Software an Geschäftskunden und mit Werbeeinnahmen aus der Homepage). Satelliten-TV stellt eine fast grenzenlose Programmauswahl bereit und umgeht traditionelle Programmverteiler wie Kabelgesellschaften oder Rundfunkanstalten durch den Betrieb eigener Satelliten und den Verkauf der notwendigen Empfangsgeräte über den Fachhandel.

**Wer's nicht einfach und klar sagen kann, der soll schweigen und weiterarbeiten, bis er's klar sagen kann.**

*Karl Popper*
*Philosoph*

## INHALT EINER ÜBERZEUGENDEN GESCHÄFTSIDEE

Die Geschäftsidee richtet sich an den Investor: Sie ist kein Werbeprospekt für ein „geniales" Produkt und keine technische Beschreibung, sondern ein Entscheidungsdokument, das drei Aspekte in den Vordergrund stellt:

Was ist der Kundennutzen, welches Problem wird gelöst? **Der Schlüssel zum Markterfolg sind zufriedene Kunden, nicht grossartige Produkte. Kunden kaufen sich mit ihrem hart verdienten Geld die Befriedigung eines Bedürfnisses, die Lösung eines Problems – Essen und Trinken, die Erleichterung einer Arbeit, Wohlbefinden, Selbstwertgefühl usw. Erstes Prinzip einer erfolgreichen Geschäftsidee ist somit, dass sie klar darstellt, welches Bedürfnis in welcher Form (Produkt, Dienstleistung) befriedigt werden soll. Marketing-Praktiker sprechen von der „Unique Selling Proposition".**

Was ist der Markt? **Eine Geschäftsidee hat nur dann einen wirtschaftlichen Wert, wenn sie sich in einem „Markt" durchsetzt. Zweites Prinzip einer erfolgreichen Geschäftsidee ist somit, dass sie aufzeigt, wie gross der Markt für die angebotene Leistung insgesamt ist, für welche Zielkundengruppe(n) sie bestimmt ist und inwiefern sie sich von der Konkurrenz abhebt.**

Wie ist damit Geld zu verdienen? **Ein Geschäft muss längerfristig rentieren. Drittes Prinzip einer erfolgreichen Geschäftsidee ist somit, dass sie aufzeigt, wieviel Geld damit zu verdienen ist und wie (Ertragsmechanik).**

### Kundennutzen

Ihre Geschäftsidee muss die Lösung für ein Problem sein, das für potentielle Kunden in einem Markt von Bedeutung ist. Viele Unternehmensgründer haben zuerst einmal ein Produkt und technische Details der Konstruktion und Herstellung vor Augen, wenn sie von einer „Lösung" sprechen. Ganz anders der Investor: Er betrachtet die Geschäftsidee zuerst einmal vom Markt – d.h. vom Kunden – her. Für ihn steht der Kundennutzen im Vordergrund; alles andere ist zu diesem Zeitpunkt zweitrangig.

Der Kundennutzen kommt immer vor dem Produkt. Worin liegt der Unterschied? Wer sagt: „Unser neues Gerät kann 200 Operationen in der Minute ausführen" oder „Unser neues Gerät besteht aus 25% weniger Bauteilen" denkt vom Produkt her. Wer sagt: „Unser neues Gerät spart dem Kunden 25% Zeit und damit 20% Kosten" oder „Mit unserer neuen Lösung ist eine Produktionssteigerung um bis zu 50% möglich" denkt vom Kunden her. Das Produkt ist somit Mittel zur Erfüllung des Kundennutzens, nicht der Nutzen selbst.

Der Kundennutzen eines Produkts oder einer Dienstleistung formuliert das Neue oder das Bessere im Vergleich zum Angebot der Konkurrenz oder zu alternativen Lösungen.

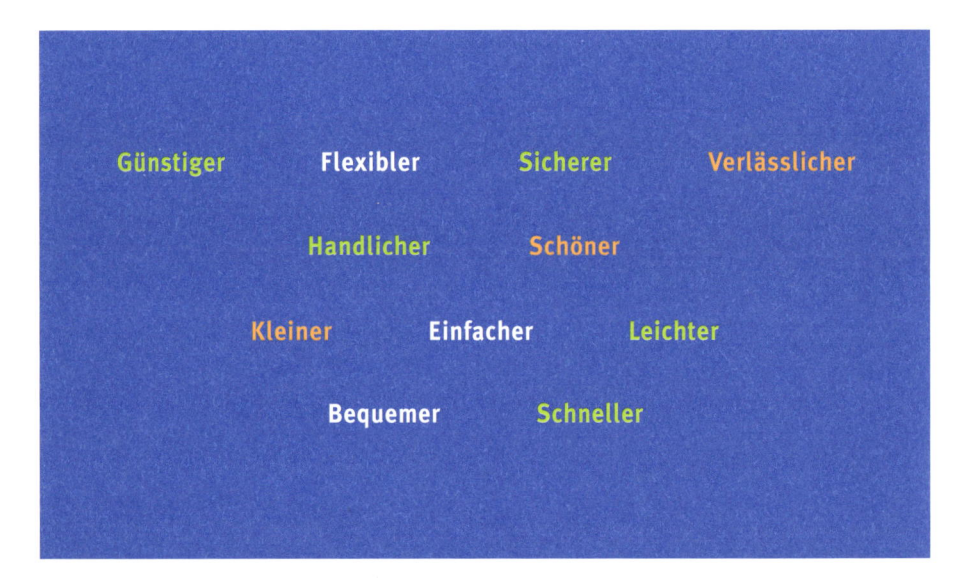

> **Günstiger**　　**Flexibler**　　**Sicherer**　　**Verlässlicher**
>
> 　　**Handlicher**　　**Schöner**
>
> **Kleiner**　　**Einfacher**　　**Leichter**
>
> **Bequemer**　　**Schneller**

Er ist somit wesentliches Differenzierungsmerkmal – eine Kernfrage des Marketing – und entscheidend für den Markterfolg Ihrer Geschäftsidee. Versuchen Sie, wenn immer möglich, den Kundennutzen auch in Zahlen auszudrücken!

In der Marketing-Praxis wird davon gesprochen, dass der Kundennutzen in einem unverwechselbaren Nutzenangebot formuliert werden muss (Unique Selling Proposition oder USP). Das bedeutet zweierlei: Erstens muss sich Ihre Geschäftsidee für den Kunden in einem Angebot („Selling Proposition") äussern, das für ihn Sinn macht. Viele Neugründungen scheitern daran, dass die Kunden die Vorzüge des Produkts nicht verstehen und es somit auch nicht kaufen – und daran sind nicht etwa die Kunden „schuld". Zweitens muss Ihr Angebot einzigartig sein („unique"). Der Kunde soll sich nicht für irgendeine neue Lösung entscheiden, die auf den Markt kommt, sondern für *Ihre* Lösung. Sie müssen die Kunden also davon überzeugen, dass Ihr Angebot den höheren Nutzen oder Mehrwert bietet – nur dann werden sie Ihnen den Zuschlag geben. Der Mensch ist erfahrungsgemäss nicht ohne weiteres von Bewährtem oder Bekanntem abzubringen. Wenn ein potentieller Käufer sich für ein neues Produkt interessiert, wird er sich zuerst einmal am Angebot etablierter Hersteller orientieren. Das können Sie wahrscheinlich leicht an Ihrem eigenen Konsumverhalten nachprüfen.

In der Beschreibung Ihrer Geschäftsidee müssen Sie noch keine ausgereifte Unique Selling Proposition präsentieren; sie sollte jedoch für Investoren im Kern erkennbar sein. Sie werden später, wenn Sie einen Businessplan ausarbeiten, darauf zurückkommen und Ihre USP konkretisieren müssen (siehe Teil 3, Kapitel „Produktidee").

## Markt

Die Überlegungen zum Markt und zur Konkurrenz setzen gewisse Marketing-Kenntnisse voraus. Dem ökonomisch nicht vorgebildeten Leser wird deshalb empfohlen, vorab das Kapitel „Marketing" im Teil 3 dieses Handbuches zu studieren.

### Was ist der Markt für die angebotene Leistung?

Für Investoren sind vor allen Dingen zwei Aspekte des „Marktes" interessant:
- Wie gross ist der Markt?
- Welches sind die primären Zielgruppen oder Zielsegmente Ihres Angebotes?

Eine Detailanalyse des Marktes ist zum jetzigen Zeitpunkt noch nicht notwendig. Schätzungen anhand einfach zu verifizierender Grunddaten genügen, zum Beispiel Daten des Statistischen Amtes, Auskünfte von Verbänden, Artikel in Fachzeitschriften oder der Wirtschaftspresse. Die Grösse des Zielmarktes soll sich aus diesen Grunddaten mit nachvollziehbaren Annahmen ableiten lassen. Es genügt, in der Geschäftsidee das Ergebnis dieser Überlegungen zusammenfassend aufzuführen.

Zielsegmente sind naturgemäss nicht einfach zu definieren und zu konkretisieren. In der Geschäftsidee genügt ein erster Anhaltspunkt, wer die Zielkunden sind. Zeigen Sie dagegen auf, warum Ihre Geschäftsidee gerade diesen Kunden den besonderen Nutzen bietet (zum Beispiel hohes Einkommen, Freude an der Technik usw.) und warum diese Gruppe wirtschaftlich für Sie besonders interessant ist. Im Musterfall CityScape ist die Geschäftsidee für kleine und mittlere Unternehmen (KMU) interessant, die im Internet präsent sein wollen, ein eigenes Engagement aber als zu teuer erachten.

### Wie differenziert sich das Angebot von der Konkurrenz?

Mit Konkurrenz müssen Sie immer rechnen: sei es direkt von Firmen, die ein ähnliches Produkt anbieten, oder von Ersatzprodukten (Substituten), die das Kundenbedürfnis ebenfalls erfüllen. Ein Teigwarenhersteller steht nicht nur in Konkurrenz zu anderen Teigwarenherstellern, sondern auch zu Reis- und Kartoffelproduzenten, Bäckereien usw. im engeren Sinn und zu allen Lebensmittelproduzenten im weiteren Sinn. Zeigen Sie in der Geschäftsidee, dass Sie Ihre Konkurrenz verstanden haben. Nennen Sie sie! Beschreiben Sie auch, warum und wie Sie mit Ihrer Geschäftsidee die Konkurrenz überflügeln können.

### Ertragsmechanik

Die Gewinnrechnung eines Unternehmens funktioniert stark vereinfacht nach klassischem Modell so: Auf der einen Seite kauft ein Unternehmen Material oder Leistungen von Zulieferern ein; mit der Bezahlung der Lieferanten entstehen Kosten. Auf der anderen Seite verkauft es Produkte oder Leistungen an die Kunden; daraus entstehen Einnahmen. Wenn Ihre Geschäftsidee nach dieser klassischen „Ertragsmechanik" funktioniert, ist es nicht notwendig, in der Beschreibung näher darauf einzugehen. Sie werden später, wenn Sie einen Businessplan ausarbeiten, darauf zurückkommen und im Businessplan das „Geschäftssystem" und die Ertragsmechanik Ihres Geschäfts genauer darstellen müssen (siehe Teil 3, Kapitel 5).

Versuchen Sie jedoch, wenn möglich die Kosten und Einnahmen grob zu schätzen. Als Faustregel für wachstumsstarke Unternehmen gilt: Während der Startphase sollte eine Bruttomarge (Ertrag nach Abzug der direkten Produktkosten) von 40–50% erwirtschaftet werden.

Oft funktioniert ein Geschäft nicht nach diesem klassischen Muster. Drei Beispiele: McDonald's verdient sein Geld mit den Lizenzgebühren der Franchisenehmer – die Restaurantbesitzer bezahlen McDonald's für den Namen und das Modell, wie das Restaurant geführt wird. Die Inseratezeitschrift „Fundgrube" finanziert sich durch den Kaufpreis der Zeitschriftenbezieher, während eine Anzeige für den Inserenten gratis ist. Im Musterfall CityScape ist die Leistung (Information) für den Benutzer kostenlos, das Unternehmen verdient sein Geld mit den Gebühren der Firmen, die eine Homepage mieten. Wenn auch Ihre Geschäftsidee auf einer derartigen Innovation in der Ertragsmechanik basiert, sollten Sie das bereits in der Geschäftsidee erläutern.

## Checkliste Geschäftsidee

*Gibt Ihre Geschäftsidee Antwort auf folgende Fragen?*

❑ Was genau ist die Innovation der Geschäftsidee?

❑ Inwiefern ist die Geschäftsidee einzigartig?
   Ist sie eventuell sogar patentrechtlich geschützt?

❑ Wer ist der Kunde für das Produkt?

❑ Warum soll der Kunde das Produkt kaufen? Welches Bedürfnis wird erfüllt?

❑ Wieso ist das Produkt besser gegenüber vergleichbaren Alternativen?

❑ Was sind die Wettbewerbsvorteile der neuen Firma, und warum kann ein Mitbewerber diese Vorteile nicht einfach kopieren?

❑ Wie gelangt das Produkt an den Kunden?

❑ Lässt sich mit dem Produkt Geld verdienen? Welches sind die Kosten und erzielbaren Preise?

## PRÄSENTATION DER GESCHÄFTSIDEE

Professionelle Investoren stellen klare Minimalanforderungen an eine Geschäftsidee, bevor sie sich überhaupt näher damit befassen. Ihr Projekt steht und fällt damit, ob es diese „Killerkriterien" erfüllt. Investoren leben naturgemäss mit dem Risiko eines Verlustes, sie sind aber immer bestrebt, es so weit wie möglich zu mindern. Ein einziges Argument reicht deshalb aus, um eine Geschäftsidee nicht weiter zu verfolgen!

### Eigenschaften einer aussichtsreichen Geschäftsidee
- Erfüllt ein Kundenbedürfnis – ein Problem wird gelöst
- Innovativ
- Einzigartig
- Klarer Fokus
- Längerfristig rentabel

Wie Sie Ihre Geschäftsidee gegenüber einem Investor präsentieren, wird zum Prüfstein Ihrer bisherigen Anstrengungen. Auffallen und Interesse wecken ist entscheidend – durch Inhalt und professionelles Auftreten. Gute Venture Capitalists erhalten wöchentlich bis zu 40 Geschäftsideen vorgelegt, und ihre Zeit ist knapp.

Klarheit ist deshalb erstes Ziel. Es ist ratsam, davon auszugehen, dass Investoren die Technologie Ihres Produkts und der Fachjargon nicht geläufig sind. Investoren werden sich kaum die Zeit nehmen, einen unverständlichen Begriff oder ein Konzept nachzuschlagen. Inhaltliche und sprachliche Prägnanz ist zweites Ziel. Für Detailbeschreibungen und ausführliche Finanzrechnungen bleibt später noch genügend Zeit.

## Formale Präsentation der Geschäftsidee

### Titelblatt

- Bezeichnung des Produkts oder der Dienstleistung

- Namen der Initianten/Unternehmer

- Verweis auf Vertraulichkeit des Dokuments

- Abbildung des Produkts oder der Dienstleistung „in action", falls sinnvoll

### Text

- 2–5 Seiten

- Klare Struktur, optisch mit Titeln und Einzügen gegliedert

### Charts/Bilder/Tabellen

- Maximal 4 Abbildungen als Anhang

- Nur wenn zum Verständnis notwendig

- Im Text explizit darauf verweisen

- Einfache, klare Darstellung

- Einheitliches Format

EXEMPLAR NR.__VON 10

# CityScape
## Geschäftsidee

Teil 2

**8. November 1997**

**VERTRAULICH**

Diese Geschäftsidee ist vertraulich. Ohne vorherige schriftliche Genehmigung der Erfinder von CityScape dürfen weder die Geschäftsidee selbst noch einzelne Informationen aus der Beschreibung reproduziert oder an Dritte weitergegeben werden.

## Geschäftsidee CityScape

**DAS PROBLEM**
**Lokale Informationen im Internet nur mühsam auffindbar**
Internet und World Wide Web (WWW) haben sich als Basis des weltweiten „Information Superhighway" und des elektronischen Marktes etabliert. Weil die Zahl der WWW-Benutzer sehr rasch zunimmt, suchen viele Unternehmen nach Wegen, die Vorteile dieses neuen Vertriebskanals zu nutzen. Für den Benutzer wird es andererseits immer schwieriger, gewünschte Informationen einfach und schnell zu finden, weil sich auch die Zahl der Anbieter („Homepages") und die Menge der angebotenen Information explosionsartig vermehren. Zudem besteht für kleine, lokal ausgerichtete Unternehmen bisher kein einfacher Zugang zum WWW, der es ihnen erlauben würde, das Internet ohne grossen Aufwand und mit finanziellem Erfolg zu nutzen.

**DIE LÖSUNG**
**Neuartige Bündelung und Organisation der Lokalinformation**
CityScape löst dieses Problem: Es ist zugleich ein interaktives WWW-Verzeichnis und eine kommerzielle Plattform für kleine und mittlere Unternehmen (*Abbildung 1*). Charakteristisch für CityScape sind zwei Nutzendimensionen:

- CityScape organisiert auf leicht verständliche Weise Alltagsinformationen zu Veranstaltungen, lokalen Events, Restaurants und Kinos, Adressen, aber auch kommerzielle Information über lokale Geschäfte und deren Angebote.

- CityScape dient lokalen Geschäften als Kanal für Werbung und Verkauf ihrer Angebote. Dieser Service reicht vom Eintrag einer Kontaktadresse (analog den Gelben Seiten) bis zum Einrichten kompletter interaktiver Verkaufskataloge mit elektronischer Abwicklung von Transaktionen.

Das Innovative an CityScape (im Vergleich zu bestehenden Internet-Produkten) ist die Zusammenfassung von Alltagsinformationen, die üblicherweise verstreut aus Zeitungen, Telefonbüchern und Radio/TV zusammengesucht werden müssen, in einfach zu benutzender Form. Innovativ ist zudem die Art, wie CityScape es kleineren und mittleren Unternehmen – die technisch nicht den Stand von Technologiefirmen haben – ermöglicht, im WWW präsent zu sein und das Internet für ihre Geschäftstätigkeit zu nutzen.

## DER MARKT
### Rund 5 Millionen Kleinfirmen als potentielle Kunden

Erste Analysen von Statistiken der Schweiz und der angrenzenden Länder (D, A, F) zeigen, dass über 5 Millionen kleinere und mittlere Unternehmen als potentielle Kunden in Frage kommen. Bei durchschnittlich 500 Franken Umsatz pro Jahr ergibt sich ein Gesamtmarkt-Volumen von über 2,5 Mrd. Franken. Wir glauben, dass CityScape mit Preisen ab 50 Franken pro Monat für die angeschlossenen Unternehmen ein attraktives Angebot ist und langfristig für Mitarbeiter und Investoren finanziell interessant sein kann.

Konkurrenz für CityScape entsteht zum einen von traditionellen Kanälen wie Zeitungen und Gelben Seiten. Gegenüber diesen Kanälen haben wir dank der Interaktivität und der Multimedia-Möglichkeiten des WWW bedeutende Vorteile. Weitere Konkurrenten sind andere Unternehmen, die bereits verschiedenste Services für das Internet anbieten. Gegen diese Konkurrenten werden wir uns mit schneller Umsetzung und Verbreitung von CityScape und konsequenter Ausrichtung auf unser Technologie- und Vertriebs-Know-how durchsetzen.

## DIE ERTRAGSMECHANIK
### Monatliche Abonnementsgebühren für Serviceangebote

Die Nutzung von CityScape ist für alle Endbenutzer (Konsumenten) kostenlos. Wenn in genügender Zahl vorhanden, schaffen sie den Anreiz für Gewerbe und Betriebe, gegen eine Gebühr auf CityScape präsent zu sein. Die Gebühren teilen sich auf in – je nach gewähltem Service-Angebot – eine einmalige Installationsgebühr und monatliche Abonnementsgebühren.

CityScape ist spezialisiert auf das Marketing und den Verkauf an Endbenutzer und lokale Unternehmen sowie auf die Integration bestehender Internet-Technologien („Search Engines", Transaktionsabwicklung etc.). Der Zugang zum Internet und der Unterhalt der Computer-Infrastruktur werden an lokale Internet-Anbieter fremdvergeben (*Abbildung 2*). CityScape wird als erstes in Städten und Regionen mit hoher WWW-Verbreitung eingeführt. Ziel ist, CityScape zum De-facto-Standard für lokales Informationsmanagement und die Abwicklung von Geschäftstransaktionen des lokalen und regionalen Gewerbes zu etablieren.

*Beispiel einer CityScape-Homepage*  *Abbildung 1*

*Geschäftsmodell für CityScape*  *Abbildung 2*

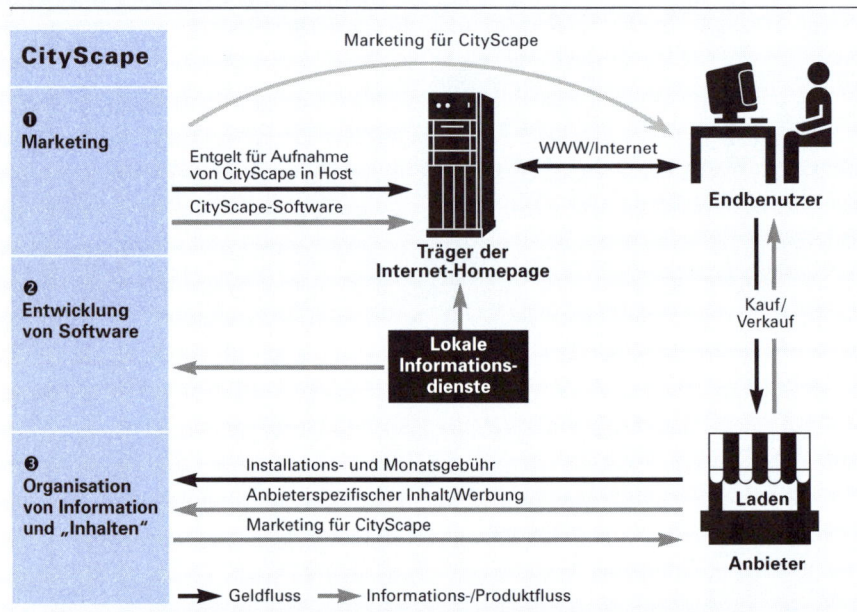

TEIL 3

# Ausarbeitung des Businessplans

Writing a business plan forces you into disciplined thinking if you do an intellectually honest job. An idea may sound great in your own mind, but when you put down the details and numbers, it may fall apart.

*Eugene Kleiner*
*Venture Capitalist*

# Ausarbeitung des Businessplans

Mit Ihrer Geschäftsidee haben Sie eine erste wichtige Etappe auf dem Weg zur Firmengründung geleistet. Sie haben einen klaren Kundennutzen Ihres Produktes oder Ihrer Dienstleistung formuliert und mit ersten Marktabklärungen die Zuversicht erhalten, dass es für Ihre Geschäftsidee einen Markt gibt und dass ein erfolgreicher Markteinstieg und rasches Wachstum möglich sind. Vielleicht haben Sie auch bereits einen Investor davon überzeugt und als Partner für die weiteren Entwicklungsarbeiten gewonnen. Bis zum positiven Finanzierungsentscheid bleibt aber noch viel zu tun. Mit dem Konzept des Businessplans haben Sie ein Werkzeug zur Hand, das Ihnen erlaubt, Ihre Geschäftsidee systematisch und präsentationsreif weiter auszuarbeiten.

Gliederung des Businessplans Gliedern Sie Ihren Businessplan analog zum Aufbau von Teil 3 dieses Handbuchs. Der Businessplan zum Musterfall CityScape zeigt eine mögliche, praxisgerechte Umsetzung und Darstellung.

Inhaltliche Erarbeitung des Businessplans Ihr Businessplan soll klar und prägnant Auskunft über alle wesentlichen Aspekte des zu gründenden Unternehmens geben. Dazu gehören sowohl praktische Fragen der Gründung, des Betriebs und der Führung als auch betriebswirtschaftliche Analysen zu Kosten, Umsatz, Rentabilität und Wachstumsaussichten des Unternehmens. Diese Überlegungen und Abklärungen werden zeigen, ob Ihre Geschäftsidee einer näheren Betrachtung standhält und wo Sie allenfalls Modifikationen vornehmen oder gar umdenken müssen. Der professionelle Investor wird das Unternehmerteam als Coach, Mentor und Beteiligter begleiten und übernimmt damit eine wesentliche Aufgabe bei der Unternehmensgründung.

Mehr als bisher sind Sie in dieser Phase auf ökonomische Grundkenntnisse angewiesen. Leser ohne betriebswirtschaftliche Vorbildung finden in den folgenden Kapiteln das nötige Grundwissen – so aufgearbeitet und konzentriert, dass es ihnen hilft, die richtigen Überlegungen anzustellen und ein kompetenter Gesprächspartner zu sein. Für Leser mit betriebswirtschaftlicher Vorbildung können die Ausführungen als Leitfaden dazu dienen, welche Fragen bei der Gründung eines Wachstumsunternehmens zu beachten sind.

### Formale Gestaltung des Businessplans

Ein professioneller Businessplan ist:

**aussagekräftig** Der Businessplan enthält alles, was ein Investor wissen muss, damit er das Vorhaben finanziert – nicht mehr und nicht weniger.

**strukturiert** Der Businessplan ist klar gegliedert (vgl. Kapitelgliederung von Teil 3 dieses Handbuches und Muster-Businessplan).

**verständlich** Die Texte sind in klarer Sprache verfasst und auf den Punkt gebracht: knappe Formulierungen, kein Jargon, keine Abschweifungen.

**kurz** Der Plan, inklusive Anhang, umfasst maximal 30 Seiten.

**leserfreundlich** Die Schriftgrösse ist mindestens 11 Punkt, der Zeilenabstand $1^{1/2}$, der Rand mindestens 2,5 cm.

**ansprechend** Die Charts und Tabellen sind einfach und übersichtlich; keine „Farbshows" und grafischen Spielereien.

# Prägnanz – auch eine Frage des Stils

Ein paar Tips bekannter Autoren

Der leitende Grundsatz der Stilistik soll sein, dass der Mensch nur einen Gedanken zur Zeit deutlich denken kann.

*Schopenhauer*

Wähle das besondere Wort, nicht das allgemeine.

*Klassische Stilregel*

Never use a long word where a short one will do.

*George Orwell*

Bevor Sie ein Adjektiv hinschreiben, kommen Sie zu mir in den dritten Stock und fragen, ob es nötig ist.

*Georges Clemenceau, Zeitungsverleger, zu einem jungen Journalisten*

Hauptsätze. Hauptsätze. Hauptsätze.

*Kurt Tucholskys Ratschlag für Redner*

Das Verbum ist das Rückgrat des Satzes.

*Ludwig Reiners*

Schreibe für die Ohren.

*Wolf Schneider*

Er sagt es klar und angenehm, was erstens, zweitens und drittens käm.

*Wilhelm Busch*

**A good Executive Summary gives me a sense of why this is an interesting venture. I look for a very clear statement of the long-term mission, an overview of the people, the technology, and the fit to market.**

*Ann Winblad*
*Venture Capitalist*

# 1. Executive Summary

Die Zusammenfassung dient dem schnellen Überblick und vermittelt in geraffter Form alles, was ein Leser unter Zeitdruck über Ihren Businessplan wissen muss. Die Forderung nach Verständlichkeit und Übersichtlichkeit hat hier besondere Relevanz. Die Zusammenfassung ist sozusagen die Strichzeichnung, der Businessplan das vollständige Bild Ihres Projektes. Dennoch lässt sie alle wesentlichen Züge des Gesamtbildes erkennen. Die weiteren Kapitel des Businessplans erweitern die Aussagen der Zusammenfassung, bringen sachliche Erläuterungen, detailliertere Ausführungen – sie enthalten jedoch keine Überraschungen in Form völlig neuer Aussagen oder Konzepte.

Eine kurze, prägnante Darstellung eines Businessplans auf zwei Seiten zu verfassen ist meist schwieriger und aufwendiger als eine Beschreibung auf zwanzig Seiten. Die Synthese erfordert nochmals einige Denkarbeit. Nehmen Sie sich deshalb gebührend Zeit dafür. Und denken Sie an den Leser: Sorgen Sie für eine klare Gliederung – sie hilft dem Verständnis. Sorgen Sie für eine schnörkellose Sprache – sie erleichtert das rasche Lesen. Sorgen Sie für eine saubere Darstellung – sie verleitet zum Weiterlesen. Denn weiterlesen sollen Investoren ja: Bevor sie sich endgültig dazu entscheiden, Ihre Geschäftsgründung zu finanzieren, werden sie es genauer wissen wollen und nachprüfen, ob Ihr Plan auch der kritischen Prüfung des Marktes standhalten kann.

Schliesslich hat das Erstellen der Zusammenfassung auch für Sie selbst einen Zusatznutzen, denn als Destillat Ihrer Erkenntnisse kann sie als Basis für eine pointierte Kommunikation – eine mündliche Kurzpräsentation zum Beispiel – dienen: In zwei Minuten ist alles Wesentliche gesagt!

**Teil 3**

**Nichts auf der Welt ist so mächtig wie eine Idee, deren Zeit gekommen ist.**

*Victor Hugo*
*Schriftsteller*

## 2. Produktidee

Sinn und Zweck jedes neu gegründeten Unternehmens ist, eine Lösung anzubieten für ein im Markt – bei potentiellen Kunden – vorhandenes Problem. Der Businessplan beginnt somit mit der Schilderung des Problems und der vorgeschlagenen Lösung. Bereits im Vorfeld des Businessplans haben Sie in der Beschreibung Ihrer Geschäftsidee wesentliche Grundlagen Ihres zukünftigen Unternehmens grob dargestellt: Kundennutzen, Markt und Ertragsmechanik. Im Businessplan müssen Sie diese Grundlagen konkretisieren und ausführlicher darstellen: Was macht Ihre Idee zu einem unwiderstehlichen Marktangebot? Sie müssen dazu weiter ausholen und Ihre Geschäftsidee vermehrt von der praktischen Seite her betrachten. Das erfordert in der Regel einen „iterativen" Prozess, weil neue Erkenntnisse in einem Element des Businessplans Rückwirkungen auf die anderen Elemente haben. Bleiben Sie dabei offen für Kritik, und ziehen Sie wenn immer möglich Experten, Investoren, Unternehmer, Bekannte und potentielle Kunden zu Rate.

In diesem Kapitel erfahren Sie,
- wie Sie Ihre Geschäftsidee unwiderstehlich machen
- wie Sie Ihre Geschäftsidee schützen
- worauf Sie bei der Präsentation im Businessplan achten sollten.

**We keep moving forward, opening new doors, and doing new things, because we're curious and curiosity keeps leading us down new paths.**

*Walt Disney*

## DIE UNWIDERSTEHLICHE GESCHÄFTSIDEE

Wie wird aus Ihrer Geschäftsidee eine „killer idea" – ein Angebot, das sich im Markt unwiderstehlich durchsetzt? Eine erste Voraussetzung ist bereits geschaffen: In der Geschäftsidee haben Sie das Innovative skizziert und im Kern bereits auch die Unique Selling Proposition herausgearbeitet. Es geht nun darum, das Verkaufsangebot in Form eines erkennbaren und überzeugenden Kundennutzens auszugestalten und seine Einzigartigkeit weiter zu konkretisieren. Der Kundennutzen kann zum Beispiel durch weitere Anstrengungen in der Produkt- oder Prozessentwicklung verbessert werden. Die Einzigartigkeit lässt sich zum Beispiel durch Patente rechtlich auf Jahre hinaus schützen oder durch Exklusivverträge mit „strategischen" Partnern absichern.

Der Muster-Businessplan CityScape zeigt exemplarisch, wie im Businessplan Problem und Lösung gegenüber der Geschäftsidee weiter vertieft und konkretisiert werden können.

## SCHUTZ DER GESCHÄFTSIDEE

Nur die allerwenigsten Ideen sind einzigartige „göttliche Funken". Die wirklich schlagkräftigen Ideen sind das Ergebnis harter Arbeit und nicht einfach kopierbar. Letztlich muss ein Mittelweg gefunden werden, der die Idee genügend schützt, aber den Meinungsaustausch zulässt.

### Patentierung

Vor allem bei neuen Produkten oder Prozessen ist eine frühzeitige Patentierung ratsam. Ziehen Sie dazu erfahrene Patentanwälte bei: Der zukünftige Erfolg Ihres Unternehmens kann vom Patentschutz abhängen, und natürlich gibt es in allen Industrien finanzkräftige Wettbewerber, die ein ungeliebtes Patent mit grossem Geschütz zu Fall bringen möchten. Immerhin ist Vorsicht geboten: Eine Patentierung kann das Ziel des Ideenschutzes auch verfehlen, da die Patentierung eine Idee öffentlich macht. Dies ist vor allem dann wichtig, wenn das Patent mit wenig Aufwand verbessert und umgangen werden kann. So wurde zum Beispiel die Formel für Coca-Cola nie patentiert, weil ein Patent mit wenigen geschmacksneutralen Rezeptänderungen umgangen werden könnte.

### Vertraulichkeitserklärung

Anwälte, Treuhänder und Bankangestellte sind von Gesetzes wegen zu Vertraulichkeit verpflichtet. Auch gute Venture Capitalists haben alles Interesse daran, die Vertraulichkeit Ihrer Ideen zu wahren – wer in den Ruf kommt, Ideen zu stehlen, wird schwerlich neue Ideen zu Gesicht bekommen. Ähnliches gilt auch für den professionellen Berater. Dennoch kann eine Vertraulichkeitserklärung im einen oder andern Fall nützlich sein, wenn Sie sich über deren Grenzen im klaren sind: Auch wenn Sie eine Vertraulichkeitserklärung in den Händen haben, ist ein allfälliger Verstoss vor Gericht meist nur schwer zu beweisen. Lassen Sie sie auf jeden Fall von einem guten Anwalt ausarbeiten. Der generell bessere Weg ist, sich vorab über allfällige Gesprächspartner zu informieren und ihren Ruf abzuklären, bevor man mit ihnen über die Geschäftsidee spricht.

### Rasche Umsetzung

Wahrscheinlich der beste Schutz vor Ideenraub ist, ein Vorhaben rasch umzusetzen. Zwischen Idee und erfolgreichem Geschäft liegt ein Riesenaufwand. Dieser Aufwand – eine sogenannte Eintrittsbarriere – kann potentielle Kopierer abschrecken. Denn am Ende gewinnt der schnellere Läufer und nicht der mit den besseren Schuhen!

## PRÄSENTATION DER PRODUKTIDEE

In diesem Kapitel des Businessplans stellen Sie klar und einfach dar, welches Problem Ihre Geschäftsidee mit welchem konkreten Angebot überzeugend löst. Die Zusammenhänge sollen auch für Laien verständlich sein:

- Schildern Sie das Problem und die Lösung.
- Beschreiben Sie das Innovative an Ihrer Idee; erläutern Sie, inwiefern Ihre Lösung den Kunden einen unverwechselbaren Nutzen bietet, und quantifizieren Sie diesen Kundennutzen.
- Beschreiben Sie die Patentsituation und das Patent im einzelnen, falls relevant.
- Kommunizieren Sie visuell. Ein Bild des Produktes, des Prototyps, der Dienstleistung „in Aktion" oder ein Flussdiagramm eines Prozesses erlauben es den Lesern, sich konkret etwas vorzustellen. Sie erleichtern ihnen damit das Verständnis und dokumentieren die Produktreife.
- Sparen Sie sich technische Details – sie sind für Investoren nicht interessant und werden den Investitionsentscheid kaum positiv beeinflussen.

### Checkliste Produktidee

*Gibt Ihr Businessplan Antwort auf folgende Fragen?*

- ❏ Welche Probleme lösen Sie mit Ihrer Idee? Welches Kundenbedürfnis wird erfüllt?
- ❏ Was für ein Produkt oder was für eine Dienstleistung wollen Sie verkaufen? Wie sieht Ihr Angebot konkret aus?
- ❏ Worin liegt die Innovation des Produktes oder der Dienstleistung?
- ❏ Inwiefern ist das Produkt oder die Dienstleistung einzigartig? Wie schützen Sie die Einzigartigkeit?

# I invest in management, not ideas.

*Eugene Kleiner*

# 3. Unternehmerteam

Die Gründung eines wachstumsstarken Unternehmens ist ein äusserst anspruchsvolles Vorhaben. Der Erfolg muss Schritt für Schritt erarbeitet, oft erkämpft werden. Neben der richtigen Idee, dem passenden Umfeld und der Unterstützung durch verschiedenste Partner braucht es die unermüdlich treibende Kraft des Unternehmerteams. Letztlich wird die Ausführung des Businessplans über Erfolg und Misserfolg entscheiden – und diese liegt ganz und gar in den Händen des Unternehmerteams.

Für professionelle Investoren ist das Unternehmerteam deshalb das kritische Element einer Firmengründung – dies erklärt auch die prominente Position des Kapitels im Businessplan.

In diesem Kapitel erfahren Sie,
- warum das Unternehmerteam für den Start-up so wichtig ist und was es auszeichnet
- wie Sie ein „Dream Team" aufbauen
- wie Sie Ihr Unternehmerteam vorstellen.

**Teams outperform individuals, especially when performance requires multiple skills, judgments, and experiences.**

*Jon R. Katzenbach*
*Unternehmensberater*

## BEDEUTUNG UND MERKMALE DES UNTERNEHMERTEAMS

Ein Team ist aus drei Gründen für einen Start-up eminent wichtig:
- Es gibt viel zu tun – die notwendige Arbeitsteilung ist nur in einem Team möglich, in dem komplementäre Fähigkeiten zusammenkommen.
- Es gibt viele für die Beteiligten neuartige Probleme zu lösen – ein gut funktionierendes Team, richtig eingesetzt, findet die besten Lösungen.
- Externe Geldgeber investieren vor allem in das Team – letztlich sind es die Menschen hinter der Idee, die für den Erfolg garantieren.

Zusätzlich bringt das Team den Vorteil, dass nicht alles auf einer einzelnen Person lastet: Auch wenn ein Mitglied einmal ausfällt, wird nicht riskiert, dass das ganze Unternehmen zu Fall kommt.

### Das Team:
### Arbeitsteilung dank komplementärer Fähigkeiten

Der Aufbau einer Firma ist eine Aufgabe, die vielfältige Talente verlangt. Talente, die kaum je in einer einzigen Person vereint sind. Und da die Idee für die aufzubauende Firma meist neu ist, gibt es auch keine Standardrezepte für die Lösung der anstehenden Probleme. Eine Gruppe von Menschen mit sich ergänzenden Fähigkeiten löst Probleme prinzipiell besser, als ein einzelner es je könnte.

Allein durch die Tatsache, dass ein Team am Werk ist, können typische Fehler vieler Start-ups eher vermieden werden. Zum Beispiel:
- Das Sich-Verrennen: Kurskorrekturen sind in jedem Geschäftsaufbau nötig. Oft gibt es dabei Widerstand des Firmengründers, aus der Angst heraus, sein Geschäftskonzept könnte verwässert werden. In einem Team wird Kritik aus lauteren Beweggründen vorgebracht.
- Qualitätsmängel in der Kommunikation: Präsentationen können vor kritischem Publikum geübt werden, peinliche Fehler oder Fehleinschätzungen sind dadurch vermeidbar.
- Aus Fehlern lernen: Ein schlecht verlaufenes Verkaufsgespräch kann im Team besser analysiert werden. Lag es an der Botschaft? An den Personen? Am Auftreten? Lohnt es sich, nochmals hinzugehen?

- Mangelnde Erreichbarkeit: Abwesenheit nehmen die Kunden als Hinweis dafür, dass Sie noch nicht bereit sind, Aufträge professionell abzuwickeln.

In einem Start-up werden Informationen oft im Bekanntenkreis zusammengesucht, weil Geld für professionelle Beratung fehlt. Ein Team hat naturgemäss einen grösseren Bekanntenkreis als eine einzelne Person.

### Das Team:
### Bei richtigem Einsatz überragende Leistung

Team ist nicht gleich Team – oft ist ein sogenanntes Team eine reine „Arbeitsgruppe". Worin liegt der Unterschied? Eine Arbeitsgruppe fasst die Einzelleistungen der Mitglieder zusammen, ihre Gesamtleistung entspricht der Summe der einzelnen Beiträge. Ein Team dagegen erzielt immer ein Gesamtergebnis, das mehr ist als die Summe der Einzelleistungen – allerdings nur, wenn es richtig zusammengesetzt ist und die richtige Arbeitsweise findet.

Trotz der eigentlich offensichtlichen Erkenntnis, dass Teams zu überragenden Leistungen fähig sind, wird in der Praxis immer wieder die Chance verpasst, ein Team richtig zu bilden und einzusetzen. Zwei Gründe dürften dabei mitspielen: Zum einen sind viele Menschen zur Einzelleistung hin erzogen worden. Schulnoten z.B. werden nach wie vor für Einzelleistungen vergeben, und vielen erscheint es riskant, sich als Team messen zu lassen. Zum andern haben viele Menschen schon schlechte Erfahrungen mit Teams gemacht, z.B., wenn sie nur um des Teams willen in einem Team mitgewirkt haben (was letztlich einer Zeitverschwendung ohne Ergebnis gleichkommt) oder wenn sie Mitglied einer Gruppe waren, die von einer Person dominiert wurde.

Sie erhöhen die Erfolgschancen Ihres Gründungsvorhabens erheblich, wenn Sie dafür sorgen, dass Sie und Ihre Mitgründer als echtes Team ans Werk gehen. Beachten Sie dabei die Grundregeln und Merkmale des echten Teams:

### Merkmale des schlagkräftigen Unternehmerteams

- Komplementäre Eigenschaften und Stärken
- Gemeinsame Vision – alle wollen den Erfolg
- Mindestens drei, selten mehr als sechs Personen
- Flexibilität bei Schwierigkeiten
- Miteinander verschweisst – auch in schwierigen Situationen
- Gibt bei Rückschlägen nicht auf, sondern formiert sich neu, um die Hürde im zweiten oder dritten Anlauf zu nehmen.

### Das Team:
### Im Blickpunkt des Investors

Investoren lassen sich weit mehr von den Menschen beeindrucken, die hinter einer Idee stecken, als von der Idee selbst. Persönlichkeit, Sach- und Sozialkompetenz sowie Engagement des Initianten und seines Teams bestimmen bis zu 80% den Entscheid des Investors für oder gegen ein Projekt. Deshalb sind gerade in der Anfangsphase positive Signale des Teams entscheidend: Einer, der nicht früh eine Gruppe Menschen dafür begeistern kann, sich für eine Idee einzusetzen, hat

### Worauf professionelle Investoren Wert legen

- Hat das Team bereits zusammengearbeitet?
- Haben die Mitglieder relevante Erfahrung?
- Kennen die Gründer ihre Schwächen, und sind sie bereit, diese Lücken zu füllen?
- Haben sich die Gründer auf ihre zukünftigen Rollen geeinigt, sind die Eigentumsverhältnisse geklärt?
- Hat sich das Unternehmerteam auf das gemeinsame Ziel geeinigt, oder bestehen unterschwellige Differenzen?
- Stehen die einzelnen Mitglieder voll hinter dem Vorhaben?

vielleicht auch später Mühe, Kunden für seine Idee zu begeistern. Jemand, der nicht die Sozialkompetenz besitzt, Mitarbeitern über die Unsicherheit der Startphase hinwegzuhelfen, wird später vielleicht Schwierigkeiten haben, ein grösseres Unternehmen zu führen.

## VOM GRÜNDERTEAM ZUM „DREAM TEAM"

Um „blinde Stellen" in der Geschäftsentwicklung zu vermeiden, sollte Ihr Team die wichtigsten Fähigkeiten vereinen, die innerhalb der Firma zusammenkommen müssen. Einen vollständigen Überblick über die benötigten Fähigkeiten erhalten Sie zum Beispiel, wenn Sie die Organisation und das Geschäftssystem (siehe Kapitel 5) Schritt für Schritt durchgehen. Die genaue Anforderungsliste wird natürlich von Unternehmen zu Unternehmen unterschiedlich ausfallen. Typische Qualitäten sind neben Fachkompetenz auch „weichere" Elemente wie Kommunikationsfähigkeit, Akzeptanz in der Fachwelt oder bei den potentiellen Kunden aufgrund der Erfahrung.

Wo steht Ihr aktuelles Team angesichts dieser Anforderungen? Inwieweit ist Ihr Gründerteam noch entfernt vom „Dream Team", das sämtliche Anforderungen erfüllt? Diese Frage können Sie mit einem Raster beantworten, in dem Sie die zu erfüllenden Aufgaben und die vorhandenen Fähigkeiten einander gegenüberstellen (siehe Abbildung). So lässt sich nicht nur die Kompetenz der Beteiligten voll ausschöpfen, sondern es kommen auch Kompetenzlücken zum Vorschein. Seien Sie in dieser Beurteilung offen und ehrlich: Das Eingeständnis, dass es da und dort noch Lücken gibt, ist keine Schande, sondern ein konstruktiver Schritt auf dem Weg zum „Dream Team".

Die Lücken zu schliessen ist oft nicht einfach. Häufig fehlen entsprechende Kontakte im Freundeskreis (Ingenieure kennen viele andere Ingenieure, aber nicht unbedingt Betriebswirtschaftler). Hier ist ein erfahrener Coach besonders wertvoll. Auch Venture Capitalists können helfen.

## Fähigkeitsprofil der Teammitglieder

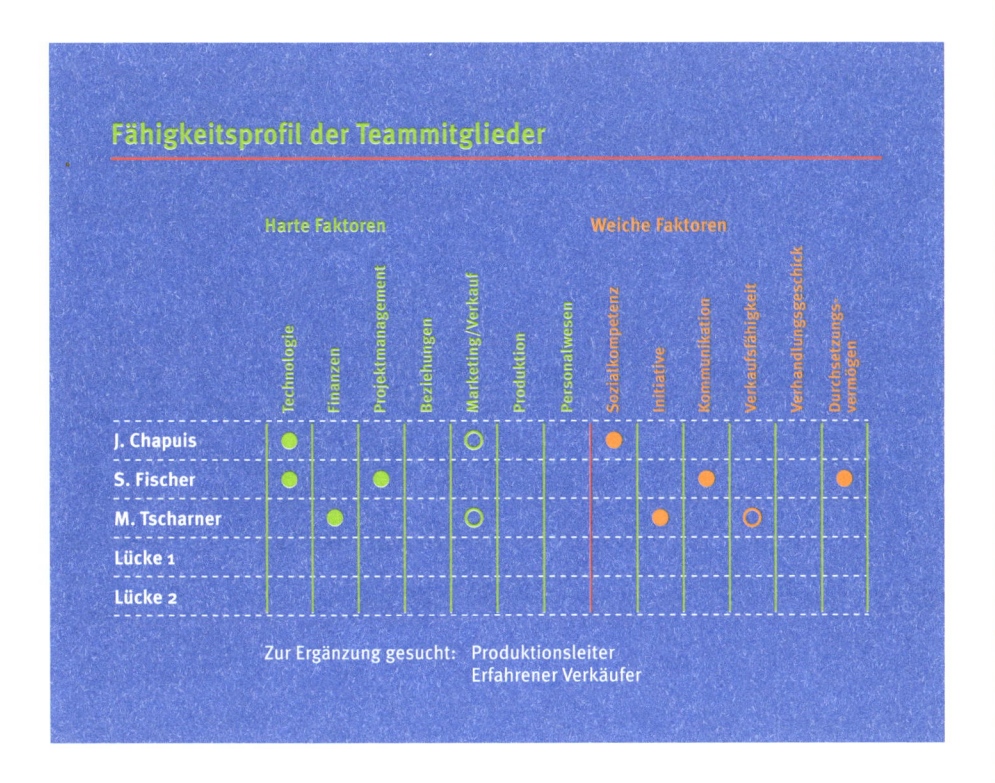

**Harte Faktoren:** Technologie, Finanzen, Projektmanagement, Beziehungen, Marketing/Verkauf, Produktion, Personalwesen

**Weiche Faktoren:** Sozialkompetenz, Initiative, Kommunikation, Verkaufsfähigkeit, Verhandlungsgeschick, Durchsetzungsvermögen

| | Technologie | Finanzen | Projektmanagement | Beziehungen | Marketing/Verkauf | Produktion | Personalwesen | Sozialkompetenz | Initiative | Kommunikation | Verkaufsfähigkeit | Verhandlungsgeschick | Durchsetzungsvermögen |
|---|---|---|---|---|---|---|---|---|---|---|---|---|---|
| J. Chapuis | ● | | | | ○ | | | ● | | | | | |
| S. Fischer | ● | | ● | | | | | | | | ● | | ● |
| M. Tscharner | | | ● | | ○ | | | | | ● | | ○ | |
| Lücke 1 | | | | | | | | | | | | | |
| Lücke 2 | | | | | | | | | | | | | |

Zur Ergänzung gesucht: Produktionsleiter
Erfahrener Verkäufer

Die wenigsten Firmengründer sind in der Lage, die notwendigen Teammitglieder anzustellen und damit die volle Kontrolle über das Eigentum zu halten. Bei Firmen mit hohem Wachstum ist die Eigenfinanzierung besonders kritisch. Um Enttäuschungen vorzubeugen, empfiehlt es sich, frühzeitig eine Zielvorstellung von den Eigentumsverhältnissen der zu etablierenden Firma zu formulieren. Das Unternehmerteam sollte sich einig sein, bevor das Gespräch mit Investoren gesucht wird. Wie Sie sich darauf vorbereiten können, lesen Sie im Teil 4 (Eigenmittelbeschaffung und Unternehmensbewertung) dieses Buches. Ein guter Ansatz für die Verteilung der Anteile ist die tatsächliche bisherige und zukünftige Leistung der Mitglieder. Der „Erfinder" der Idee und der zukünftige Geschäftsleiter zum Beispiel dürfen deshalb höhere Anteile erhalten.

## VORSTELLUNG DES UNTERNEHMERTEAMS

Mit der Bildung eines Gründerteams und Überlegungen zum Aufbau eines „Dream Teams" haben Sie schon viel gewonnen. Sorgen Sie nun dafür, dass die Investoren Ihr Team kennenlernen und sich von dessen Motivation und Schlagkraft überzeugen können. Versetzen Sie sich dabei in die Lage des Investors: Worauf würden Sie selbst Wert legen? Beschreiben Sie die Fähigkeiten und Merkmale des Teams und der einzelnen Mitglieder, zum Beispiel mit folgenden Angaben:

- Team als Ganzes: Komplementäre Fähigkeiten der Teammitglieder; Evidenz, dass Sie zusammenarbeiten können und auch bei Schwierigkeiten zusammenhalten werden; persönliches Engagement des Teams; Eigentumsverhältnisse; Rolle, die jedes Mitglied übernimmt.

- Einzelne Teammitglieder: Wesentliche Meilensteine im Lebenslauf wie Studium, Fachausbildung, praktische Erfahrung, Auslandaufenthalte, Führungs- und Kommunikationspraxis; Hinweise auf spezielle Fähigkeiten wie besondere Hobbies oder Leistungen in Sport, Musik usw. Halten Sie sich kurz, maximal eine Drittelseite pro Teammitglied; vollständige Lebensläufe können Sie allenfalls im Anhang beilegen.

### Checkliste Unternehmerteam

*Gibt Ihr Businessplan Antwort auf folgende Fragen?*

- ❏ Wer sind die Mitglieder Ihres Unternehmerteams, und was zeichnet sie aus (Ausbildung, Arbeitserfahrung, Erfolge, Ruf in der Geschäftswelt)?

- ❏ Welche Erfahrungen und Fähigkeiten, die für die Umsetzung Ihrer Geschäftsidee und den Aufbau des Unternehmens von Nutzen sind, besitzt das Team?

- ❏ Welche Erfahrungen und Fähigkeiten fehlen dem Team? Wie und durch wen wird das Team ergänzt?

- ❏ Was ist die Motivation der einzelnen Teammitglieder?

# 4. Marketing

Kundenbedürfnisse zu befriedigen muss das zentrale Anliegen jeder Firma sein. Das ist die Grundidee des Marketing. Marketing ist demnach nicht gleichzusetzen mit „Verkauf" oder „Werbung" – das sind lediglich Umsetzungen des Marketinggedankens. Marketing greift weiter: Bei allem, was ein Unternehmen tut – von der Forschung und Entwicklung über die Produktion und Verwaltung bis hin zum Verkauf und Kundenkontakt –, stehen zwei Fragen im Vordergrund: Welche Vorteile bringt es den Kunden? Welche Vorteile bringt es der Firma gegenüber ihren Konkurrenten? Eine Firma, die sich am Prinzip des Marketing orientiert, wird immer bestrebt sein, Kundenbedürfnisse zu befriedigen, und zwar besser als die Konkurrenz.

Der Marketingplan ist somit ein Kernstück Ihres Businessplans: Sie müssen den Investor davon überzeugen, dass Ihre Geschäftsidee einen Markt hat, den Sie mit Gewinn bedienen können. Und der Investor will sich vergewissern, dass Sie seine Erwartung an die Wachstumsmöglichkeiten des Geschäfts erfüllen können. Dazu ist es nicht nötig, im Businessplan einen ausführungsreifen Marketingplan zu präsentieren – das ist auf den 3–4 Seiten, die Sie zur Verfügung haben, auch nicht machbar. Wichtig sind jedoch klare Aussagen zum erwarteten Markt, zur Preisstrategie und zum Vertrieb.

Betriebswirtschaftlich nicht vorgebildete Leser finden hier einen Überblick über die wichtigsten Elemente eines Marketingplans, damit sie verstehen, worauf es ankommt.

In diesem Kapitel erfahren Sie,
- wie Sie Ihren Markt und den Wettbewerb untersuchen
- wie Sie Ihren Zielmarkt auswählen
- wie Sie Ihre Marketingstrategie festlegen

**Wenn Sie den Kundennutzen nicht kennen, ist die Sache hoffnungslos.**

*Branco Weiss*
*Unternehmer*

## Grundelemente des Marketingplans

Marketing ist keine exakte Wissenschaft, und gerade bei neuen Geschäftsideen beruht vieles auf gesundem Menschenverstand und Instinkt. Die gröbsten Fehler beim Erstellen eines Businessplans werden vielfach gerade in der Marketingplanung gemacht. Das hat zwei Gründe: Zum einen müssen Sie sich in die Situation, das Denken und die emotionale Haltung Ihrer künftigen Kunden versetzen, was nicht einfach ist. Zum andern können Sie viele Marktfaktoren nicht direkt beeinflussen; zum Beispiel kann die zentrale Frage „Wie viele Kunden werden unser Produkt kaufen?" im voraus nie exakt beantwortet, sondern allenfalls geschätzt werden. Immerhin kann eine saubere Markt- und Konkurrenzanalyse die Qualität der Vorhersage signifikant verbessern.

Den Marketingplan erstellen Sie sinnvollerweise in drei Schritten:

1. **Markt und Wettbewerb untersuchen:** Im ersten Schritt lernen Sie den Markt für Ihre Geschäftsidee genauer kennen und analysieren die Stärken und Schwächen Ihrer Konkurrenten.

2. **Zielmarkt auswählen:** Im zweiten Schritt wählen Sie jene Gruppen von Kunden („Kundensegmente") aus, deren Bedürfnisse Ihre Geschäftsidee am besten abdeckt und denen Sie im Vergleich zur Konkurrenz am meisten zu bieten haben. Zudem legen Sie fest, wie Sie sich von der Konkurrenz abheben wollen („Positionierung durch Differenzierung").

3. **Marketingstrategie festlegen:** Im dritten Schritt legen Sie mit konkreten Massnahmen zu Produktgestaltung, Preisgestaltung, Vertrieb und Kommunikation fest, wie Sie Ihre Kunden ansprechen und erreichen wollen.

**If there is
no competition,
there is probably
no market.**

*Brian Wood*
*Venture Capitalist*

## MARKT UND WETTBEWERB

Gute Kenntnis der Kunden und ihrer Bedürfnisse ist Basis eines jeden Geschäftserfolgs; erst die Kunden geben einer Firma ihre Daseinsberechtigung. Letztlich sind sie es, die mit dem Kauf (oder Nichtkauf) Ihres Produktes oder Ihrer Dienstleistung entscheiden, ob und wie erfolgreich Ihre Firma sein wird. Es werden nur diejenigen Kunden Ihr Produkt kaufen, die sich davon einen höheren Nutzen versprechen als vom Kauf eines Konkurrenzproduktes oder vom Verzicht auf einen Kauf.

Ihr Marketingplan muss Aussagen zu zwei Fragen enthalten:
- Wie gross ist der Markt, und in welchem Ausmass wächst er?
- Was kennzeichnet den Wettbewerb?

### Marktgrösse und Marktwachstum

Die Marktgrösse sollte in bezug auf die Anzahl Kunden, die Anzahl Mengeneinheiten und den Gesamtumsatz in Franken beziffert werden. Bei der Analyse ist zu unterscheiden zwischen einem bestehenden Markt und einem völlig neuen „Markt". Wenn Sie eine verbesserte Ausführung eines bereits angebotenen Produkts auf den Markt bringen wollen (zum Beispiel eine wirksamere Zahnpasta), lassen sich diese Angaben relativ einfach beschaffen: Statistiken finden Sie etwa in Fachzeitschriften, bei öffentlichen Stellen oder Fachverbänden. Prüfen Sie die Daten auf ihre Plausibilität hin. Idealerweise erfasst Ihre Prognose des Marktwachstums die nächsten fünf Jahre, ergänzt durch die Vergleichswerte der letzten fünf Jahre.

Der Markt ist schwieriger abzuschätzen, wenn Sie von etwas völlig Neuem ausgehen. In diesem Fall müssen Sie Grösse und voraussichtliche Entwicklung aus der Zahl der potentiellen Kunden oder Kundensegmente herleiten. Wahrscheinlich müssen Sie hierzu selbst etwas „Marktforschung" betreiben, zum Beispiel mit einer kleinen Umfrage.

## Wie man richtig schätzt

Schätzen ist ein wichtiger Bestandteil von Planungs- und Entscheidungsprozessen. Dies gilt sowohl für die Gründungs- als auch für die Wachstumsphase von Unternehmen, denn nur in den seltensten Fällen sind alle notwendigen Fakten und Zahlen bekannt, als dass ein Entscheid „100% richtig" gefällt werden könnte. Das trifft bei der Abschätzung der Grösse des Gesamtmarktes oder des Kundensegments ganz besonders zu.

Halten Sie sich an folgenden Grundsatz: „Lieber ungefähr richtig als genau falsch." Es ist besser, mit der Schätzung in einen vernünftigen Bereich zu gelangen, als eine vermeintlich genaue Zahl auf Kommastellen zu berechnen, die aufgrund der Unsicherheit in den Annahmen nicht stimmen kann.

Beachten Sie beim Schätzen folgende Tips:

- Auf einer sicheren Basis aufbauen: Vieles mag unbekannt sein; wenn Sie sich aber auf einfach zu verifizierende Zahlen abstützen, stellen Sie Ihre Schätzung auf ein solides Fundament.

- Logischer Weg: Eine Schätzung soll logisch nachvollziehbar sein, also keine Gedankensprünge enthalten und nicht auf ungenannten Annahmen basieren.

- Quellen vergleichen: Prüfen Sie Informationen, z.B. Aussagen aus einem Interview, wenn möglich anhand verschiedener Quellen nach.

- Kreativität: Nicht immer führt der gerade Weg ins Ziel; wenn z.B. eine Grösse unbekannt ist, suchen Sie nach Ersatzgrössen, die mit der gesuchten Grösse in Verbindung stehen.

- Plausibilität überprüfen: Prüfen Sie jede Schätzung am Ende noch einmal kritisch nach: „Macht das Ergebnis wirklich Sinn?"

## Ein Schätzbeispiel

Wie hoch ist der Tagesverbrauch von Papierwindeln in der Schweiz heute? Mögliches Vorgehen:

- **Basis:** Bevölkerung der Schweiz: 7 Millionen (Bundesamt für Statistik).

- **Annahme:** Das Durchschnittskind trägt 2 Jahre lang Windeln (Eltern fragen).

- **Basis:** Die durchschnittliche Lebenserwartung in der Schweiz beträgt 75 Jahre (Geographie-Lehrbuch).

- **Berechnung:** Die Zahl Windeln tragender Kinder in erster Näherung ist 2/75 = 2,7% der Bevölkerung oder 190'000.

- **Verfeinern der Annahme:** Die Bevölkerung ist altersmässig nicht gleich verteilt (Zwiebelfunktion), d.h., einerseits nimmt die Zahl der Menschen pro Jahrgang mit zunehmendem Alter ab, andererseits ist die Geburtenrate zur Zeit sehr klein. Nehmen wir an, die beiden Effekte gleichen sich in etwa aus; die Unsicherheit dokumentieren wir mit der Bandbreite von 170'000–210'000 Windelträgern.

- **Annahme:** Windelverbrauch pro Tag (wieder Eltern fragen): 5–7 Windeln.

- **Resultat:** Geschätzter täglicher Windelverbrauch in der Schweiz = **0,9–1,5 Mio.**

**Tatsächlicher Wert: 1,15–1,25 Mio.**
Quelle: Procter & Gamble, Hersteller von Pampers

### Wettbewerbsstruktur

Wer sich mit einem Angebot auf einen „Markt" begibt, muss mit Konkurrenz und Wettbewerb rechnen. Damit Sie sich der Konkurrenz erfolgreich stellen können, müssen Sie herausfinden, wer die wichtigsten Anbieter im Markt sind, welchen Marktanteil sie haben, wie sie vorgehen und welches ihre Stärken und Schwächen sind. Und Sie müssen abzuschätzen versuchen, ob und wie schnell ein anderer Anbieter mit einem ähnlichen Produkt auf den Markt kommen könnte und wie sich das auf Ihren Geschäftserfolg auswirken würde. Stellen Sie sich also die Frage: Ist Ihre Geschäftsidee kopierbar, wie schnell und mit wieviel Aufwand?

Für alles gibt es Wettbewerb. Neben bestehenden oder potentiellen Konkurrenzfirmen werden Sie sich auch mit Substituten beschäftigen müssen. Substitute sind Produkte, die den gleichen Kundennutzen auf eine andere Weise erfüllen. Als Sony und Philips die Compact Disc auf den Markt brachten, gab es zwar noch keine direkte Konkurrenz durch andere digitale Tonträger. Die Compact Disc konkurrierte zuerst einmal mit den bestehenden analogen Tonträgern Schallplatte, Tonband, Kassette, aber auch mit Unterhaltungsmedien im weiteren Sinn. Und sehr bald kamen andere Tonträger in Digitaltechnik und, etwas später, auch neue Formate der Compact Disc auf den Markt.

## WAHL DES ZIELMARKTES

Ihre Geschäftsidee wird nicht für alle potentiellen Kunden interessant sein, weil nicht alle die gleichen Bedürfnisse haben. Sie müssen innerhalb des Gesamtmarktes also jene Gruppe von Kunden ausfindig machen, denen Ihr Produkt oder Ihre Dienstleistung den grössten Nutzen bringt, die Sie am besten erreichen können und die bereit sind, dafür zu bezahlen. In der Sprache des Marketing heisst das: Sie müssen einen Zielmarkt auswählen und seine Merkmale bestimmen.

Im Businessplan werden Aussagen zum Gesamtmarkt, zu Ihrem Zielmarkt und Marktanteil erwartet. Zusätzlich sollten Sie die künftige Entwicklung dieser Grössen abschätzen. Der sinnvolle Prognosezeitraum variiert zwischen 3 Jahren für kurzlebige Güter wie Computer, Internet, Mode und 10 Jahren für langlebige Investitionsgüter.

Ihr Marketingplan muss Aussagen zu vier Fragen enthalten:
- Wer sind Ihre Kunden oder Kundengruppen („Segmentierung")?
- Welche Kunden oder Kundengruppen sind für Sie finanziell besonders attraktiv?
- Wie unterscheidet sich Ihr Angebot für diesen Kunden im Vergleich zur Konkurrenz („Positionierung")?
- Welchen Marktanteil und welchen Umsatz können Sie voraussichtlich bei diesen Kunden erzielen?

### Kundensegmentierung

Mit Ihrem Produkt oder Ihrer Dienstleistung wollen Sie ein Kundenbedürfnis ansprechen und befriedigen – und das möglichst gezielt und effizient. Weil es sich meist nicht lohnen würde, Produkt und Werbung speziell auf jeden Kunden einzeln abzustimmen, müssen Sie Ihre potentiellen Kunden nach sinnvollen Kriterien in Gruppen einteilen. Kriterien sind dann sinnvoll, wenn sie zu Kundengruppen führen, die möglichst gleichartig, aber auch gross genug sind, damit sie effizient zu bedienen sind. Zudem müssen sich die Kriterien für Produktgestaltung, Preisfestlegung, Werbung und Vertrieb auch nutzen lassen. Diese Frage ist keineswegs trivial. Käufer von Fernsehgeräten könnten zum Beispiel in solche mit blauen, braunen oder grünen Augen segmentiert werden – doch was würde das bringen? Wenn Sie hingegen herausfinden, dass junge Leute mit niedrigem Einkommen (z.B. Studierende) kleine, tragbare Fernseher mit guter Klangqualität für unter 600 Franken bevorzugen, haben Sie ein Zielsegment definiert, das Sie jetzt gezielt angehen können.

Mit der Kundensegmentierung verfolgen Sie zwei Ziele: Eine akkurate Kundensegmentierung hilft Ihnen erstens, den Markt zu bestimmen, den Sie mit Ihrem Produkt erreichen. Einer der grössten Marketingfehler ist, den effektiven Markt eines Produktes zuwenig genau zu definieren und damit zu überschätzen oder auch zu unterschätzen. Wenn Sie

### Kriterien zur Kundensegmentierung (Beispiele)

#### Für Konsumgüter
- Geographisch: Land (Schweiz, Deutschland, Frankreich usw.) oder Bevölkerungsdichte (Stadt/Land)
- Demographisch: Alter, Geschlecht, Einkommen, Beruf, Firmengrösse usw.
- Lifestyle: Technofreaks, Alternative, Generation X usw.
- Verhalten: Häufigkeit des Produktgebrauchs, Anwendung des Produkts usw.
- Einkaufsverhalten: Bevorzugung von Marken, Preisbewusstsein

#### Für Investitionsgüter
- Demographisch: Firmengrösse, Branche, Lage
- Operativ: eingesetzte Technologie
- Einkaufsverhalten: zentraler oder dezentraler Einkauf, Einkaufskriterien, Verträge mit Lieferanten usw.
- Situative Faktoren: Dringlichkeit des Bedarfs, Bestellgrösse usw.

beispielsweise eine neuartige Zahnpasta auf den Markt bringen, würden Sie vielleicht von der Annahme ausgehen, alle Einwohner der Schweiz seien mögliche Kunden. Eine genauere Untersuchung könnte dann aber folgendes ergeben: 50% kommen als Konsumenten nicht in Frage, weil sie ihre Zahnpasta bei einem Grossverteiler kaufen und Sie diesen Grossverteiler nicht beliefern können. Weitere 30% der Konsumenten kaufen das günstigste Produkt und gehen verloren, weil Ihre Zahnpasta 20% teurer ist als Konkurrenzprodukte; dass Ihre Zahnpasta die Zähne besser und schonender reinigt, ist für diese Konsumenten weniger wichtig. Und nochmals 10% gehen verloren, weil Ihre Zahnpasta für ältere Menschen nicht geeignet ist. Effektiv beträgt der Markt für Ihre Zahnpasta also nur 10% des Gesamtmarktes.

Die Kundensegmentierung hilft Ihnen zweitens, für jedes Kundensegment eine massgeschneiderte Marketingstrategie zu entwerfen – und damit die Wirkung zu erhöhen. Verschiedene Kundensegmente können aus ganz unterschiedlichen Gründen an Ihrem Produkt interessiert sein. Kinder mögen die neue Zahnpasta wegen des Geschmacks, Eltern wegen der verbesserten Wirkung gegen Karies und Berufstätige, weil sie überall erhältlich ist. Werden die Konsumenten nach diesen Bedürfnissen in einheitliche Gruppen segmentiert, kann das Produkt durch gezielte Massnahmen bei jedem Kundensegment treffend „positioniert" werden.

## Auswahl der Zielsegmente

Wenn Sie den Markt in einzelne Kundensegmente gegliedert haben, werden Sie sich überlegen müssen, auf welche Segmente Sie sich konzentrieren wollen. Ziel ist nicht, alle Segmente zu bedienen, sondern vor allem jene, die heute und in Zukunft am meisten Gewinn versprechen. Zur Beurteilung dieser Frage eignen sich verschiedene Kriterien:

- ◆ Grösse des Segments
- ◆ Wachstum des Segments
- ◆ Übereinstimmung von Produkt und Kundenbedürfnis in einem Segment
- ◆ Differenzierungsmöglichkeit des eigenen Produkts gegenüber den Konkurrenzprodukten.

## Positionierung gegenüber der Konkurrenz

Warum soll ein potentieller Kunde gerade Ihr Produkt kaufen und nicht jenes eines Konkurrenten? Weil es dem Kunden mehr bietet (in einem für ihn wichtigen Aspekt) als die Produkte der Konkurrenz, weil es für ihn rein sachlich oder emotional „besser" ist. Oder wie der Marketingexperte sagen würde: Sie haben für Ihre Geschäftsidee ein einzigartiges Nutzenangebot entwickelt – eine Unique Selling Proposition.

Ein unverwechselbares Angebot zu formulieren und im Gedächtnis der Kunden zu verankern ist die zentrale Aufgabe der Kommunikation im Marketing. Man spricht von der Positionierung eines Produktes, einer Marke oder eines Unternehmens. Gut positionierte Produkte hinterlassen beim Konsumenten also immer einen ganz bestimmten Eindruck, wenn er an das Produkt denkt. Der wichtigste Leitsatz für die Positionierung lautet deshalb: Nehmen Sie die Sicht des Kunden ein (es geht darum, ein Bedürfnis besser abzudecken, nicht neue Produktattribute vorzustellen). Das Bessere muss für den Kunden sofort verständlich, einprägsam und natürlich von Bedeutung sein. Zugleich muss sich Ihre Positionierung erkennbar von jener der Konkurrenz abheben. Nur so werden die Kunden den Zusatznutzen, den Sie ihnen bieten, im Gedächtnis auch mit dem Namen Ihres Produktes oder Ihrer Firma verbinden – und letztlich Ihr Produkt kaufen.

### Der Weg zur erfolgreichen Positionierung

- Relevante Kundenbedürfnisse oder Probleme erkennen
- Klare, ausreichend grosse Kundensegmente definieren
- Kompetentes Angebot in Form von Produkten und Leistungen gestalten
- Einzigartigkeit durch Abgrenzung von der Konkurrenz definieren
- Subjektive Wahrnehmung der Kunden ansprechen
- Kundenzufriedenheit auch nach dem Kauf sicherstellen.

Weil die Positionierung für den Markterfolg – und damit den längerfristigen Erfolg Ihres Unternehmens – so entscheidend ist, sollten Sie diesem Aspekt viel Aufmerksamkeit widmen. Die überzeugende Positionierung wird Ihnen nicht auf Anhieb gelingen, sondern intensive Auseinandersetzung erfordern und immer wieder überarbeitet werden müssen, bis sie überzeugt. Ein erster Anhaltspunkt für die Positionierung ist die Produktidee selbst. Weitere Rückschlüsse ergeben sich, wenn Sie Ihr Produkt im Laufe der Entwicklung verfeinern und modifizieren und immer wieder neuen Erkenntnissen aus Kundenbefragungen anpassen.

### Marktanteil und Verkaufsvolumen

Eine Schlüsselfrage der Geschäftsplanung ist, welchen Marktanteil und welches Umsatzvolumen Sie in den ersten fünf Jahren erzielen können. Die Überlegungen zur Positionierung geben brauchbare Hinweise dazu, wie viele Kunden Sie in einzelnen Segmenten schätzungsweise erreichen können. Überlegen Sie sich dabei auch, ob und wie viele Kunden Sie mit Ihrem Angebot von der Konkurrenz abwerben können. Dort, wo Sie am meisten Vorteile zu bieten haben, können Sie auch am meisten Kunden gewinnen. Bleiben Sie aber realistisch!

## MARKETINGSTRATEGIE

Eine Strategie beschreibt, auf welchem Weg ein Ziel erreicht werden soll. Die Marketingstrategie legt fest, mit welchen Massnahmen Sie die im Marketingplan gesetzten Ziele erreichen wollen – was sich letztlich im Umsatz niederschlagen wird. Im allgemeinen sind dazu Massnahmen in den sogenannten „4 P" des Marketing notwendig: Product, Price, Place und Promotion:

**Product:** Welche Eigenschaften muss Ihr Produkt haben, um das relevante Kundenbedürfnis abzudecken?

**Price:** Welchen Preis können Sie für Ihr Produkt verlangen, und welches Ziel verfolgen Sie mit Ihrer Preisstrategie?

**Place:** Wie wollen Sie mit Ihrem Produkt zu den Kunden gelangen?

**Promotion:** Mit welchen Kommunikationsmitteln wollen Sie den Kunden die Vorteile Ihres Produktes vermitteln?

### Product: Produkteigenschaften

Mit Ihrer ursprünglichen Geschäftsidee haben Sie sich bereits eine gewisse Vorstellung über die Eigenschaften Ihres Produktes gebildet. Nach der genaueren Analyse der Bedürfnisse verschiedener Kundensegmente müssen Sie nun überprüfen, ob Ihr Produkt diesen tatsächlich gerecht wird und inwiefern es allenfalls anzupassen ist. Dabei stellt sich die Frage, ob Sie ein uniformes Produkt für alle Segmente herstellen oder ob Sie Ihr Produkt gezielt den Anforderungen einzelner Segmente anpassen wollen.

### Price: Preisgestaltung

Mit der Positionierung haben Sie entschieden, wie Sie Ihr Produkt von der Konkurrenz differenzieren wollen, auch hinsichtlich des Preises. Wenn Sie sich mit der Preisgestaltung befassen, überlegen Sie sich genauer:

- Welchen Preis können Sie für Ihr Angebot verlangen?
- Welche Strategie verfolgen Sie mit der Preisgestaltung?

#### *Welchen Preis können Sie verlangen?*

Basis für den erreichbaren Preis ist die Bereitschaft des Kunden, den geforderten Preis zu bezahlen. Dies widerspricht der landläufigen Meinung, der Preis werde direkt von den Kosten bestimmt. Natürlich spielen die Kosten eine gewisse Rolle: Das Verhältnis Preis zu Kosten wird aber erst kritisch, wenn der erzielbare Preis die Kosten nicht mehr deckt. In diesem Fall ist es ratsam, rasch aus dem Geschäft auszusteigen oder – besser noch – gar nicht erst einzusteigen. Eine Rolle spielen die Kosten natürlich auch insofern, als die Differenz zwischen Preis und Kosten den Gewinn ausmacht – denn letztlich ist es das Ziel jedes marktwirtschaftlich ausgerichteten Unternehmens, den Gewinn zu maximieren.

Welchen Preis Sie erzielen können, hängt ganz davon ab, wieviel der Nutzen Ihres Angebotes den Kunden wert ist. In der Geschäftsidee oder der Produktbeschreibung haben Sie den Kundennutzen ausgewiesen und vielleicht auch quantifiziert. Legen Sie eine Preisspanne nach den im Kasten „Preisgestaltung nach Kundennutzen" beschriebenen Überlegungen fest. Sie können Ihre Annahmen zusätzlich in Gesprächen mit potentiellen Kunden verifizieren und verfeinern.

#### *Welche Strategie verfolgen Sie mit der Preisgestaltung?*

Welche Preisstrategie Sie wählen, hängt von Ihrem Ziel ab: Wollen Sie mit einem tiefen Preis rasch den Markt „durchdringen" (Penetrationsstrategie), oder wollen Sie von Anfang an einen möglichst hohen Ertrag erzielen (Abschöpfungsstrategie)?

### Beispiel für Preisgestaltung nach Kundennutzen

*(Value-based Pricing)*

Wenn ein Fernmeldeunternehmen die Übertragungskapazität seiner Glasfaserkabel erhöhen wollte, musste es bisher neue Kabel verlegen. Die Grabarbeiten belaufen sich je nach Topographie auf ca. 50–100 DM pro Meter. Bei einer Streckenlänge von 50 km ergeben sich Gesamtkosten von 2,5–5,0 Mio. DM.

Alternativ bietet die Firma Ciena Corp. elektronische Geräte an, die die Kapazität bestehender Glasfaserkabel durch „wave length multiplexing" vervielfachen. Anstelle eines Lichtstrahls wird Licht in mehreren Farben (verschiedene Wellenlängen) durch das Kabel geschickt. Mit jedem Farbstrahl lässt sich gleich viel Information übertragen wie mit dem herkömmlichen Lichtstrahl insgesamt. Ein Gerät mit 24facher Übertragungskapazität kostet die Ciena Corp. in der Herstellung etwa soviel wie ein gut ausgerüsteter PC. Welcher Preis kann für die Abgeltung der Entwicklungskosten und vor allem für den Wert der Idee verlangt werden? Ciena Corp. bietet das System mit 24 Kanälen für 2,5 Mio. DM an.

Neue Firmen verfolgen in der Regel aus guten Gründen eine Abschöpfungsstrategie:
- Ein neues Produkt wird gemäss den bisherigen Überlegungen als „besser" positioniert, somit darf es auch mehr kosten.
- Höhere Preise führen in der Regel zu höheren Margen und ermöglichen dem neuen Unternehmen, das Wachstum selbst zu finanzieren. Neue Investitionen sind somit aus dem Gewinn finanzierbar, auf weitere Fremdinvestoren kann verzichtet werden.
- Anders als Abschöpfungsstrategien erfordern Penetrationsstrategien prinzipiell hohe Anfangsinvestitionen, damit das Angebot der höheren Nachfrage auch gerecht werden kann. Dieses höhere Investitionsrisiko wollen Investoren wenn möglich vermeiden.

Eine Penetrationsstrategie kann etwa in folgenden Situationen angebracht sein:

Neuer Standard: **Netscape verteilte seinen Internet-Browser gratis und konnte somit einen Standard setzen. Apple verfolgte mit dem Macintosh dagegen eine Abschöpfungsstrategie und verpasste damit die Chance, den Mac als Standard zu etablieren.**

Systembedingt: **Geschäfte mit hohen Fixkosten müssen sehr rasch ein breites Publikum finden, damit sie rentieren. Klassisches Beispiel ist Fedex: Die Kosten für Flugzeuge und Sortieranlagen fallen gleichermassen an, ob die Firma tausend oder mehrere Millionen Briefe spediert.**

Konkurrenz: **Wenn die Eintrittsbarrieren niedrig sind und starke Konkurrenz zu erwarten ist, ist eine Penetrationsstrategie angezeigt, um schneller als die Konkurrenz einen hohen Marktanteil zu erobern. In diesem Fall stellt sich allerdings die grundsätzliche Frage, ob ein solches Geschäft für eine neu gegründete Firma überhaupt sinnvoll ist.**

### Place: Vertrieb

Ihre Produkte oder Dienstleistungen müssen physisch Ihre Kunden erreichen. Hinter dieser simplen Aussage steckt eine weitere wichtige Marketingentscheidung: Auf welchem Weg – über welchen „Vertriebskanal" – wollen Sie Ihr Produkt absetzen? Die Wahl des Vertriebskanals wird von verschiedenen Faktoren beeinflusst. Zum Beispiel: Wie gross ist die Zahl der potentiellen Kunden? Sind das Firmen oder Privatpersonen? Welche Art des Einkaufens bevorzugen sie? Ist das Produkt erklärungsbedürftig? Liegt das Produkt eher im oberen oder im unteren Preissegment? Grundsätzlich müssen Sie sich überlegen, ob Ihre Firma den Vertrieb selbst übernehmen oder einer spezialisierten Organisation übertragen will. Solche „Make or Buy"-Entscheide beeinflussen die Organisation und das Geschäftssystem Ihres Unternehmens wesentlich (siehe Kapitel 5 „Geschäftssystem und Organisation"). Die Wahl des Vertriebskanals hängt somit stark mit anderen Marketingentscheidungen zusammen und wirkt sich wiederum auf weitere Massnahmen aus.

## Kennzahlen zu Margen

Die Margen sind je nach Geschäft unterschiedlich und abhängig von verschiedenen Faktoren, z.B.

- Konkurrenzsituation auf dem Markt (starke Konkurrenz führt zu tiefen Margen)
- Geschäftstüchtigkeit des Unternehmers (verbessert die Margen)
- Komplexität des Produkts (höhere Margen), Menge, Durchlaufzeit und Lagerhaltung (je höher die Stückzahlen und je kürzer die Durchlaufzeit, um so kleiner die Marge).

Beispiele typischer Margen (in Prozent des Endverkaufspreises):

### Fachhandel

| | |
|---|---|
| Medikamente | 33% |
| Textilien | 50% |
| Sportartikel | 35–50% |
| Neuwagen | 10–16% |
| Mobiltelefone | 10% (ehemals 50%) |

### Grossverteiler

| | |
|---|---|
| Migros, Coop, Aldi, Hertie | 25–30% |

### Grosshändler

| | |
|---|---|
| Medikamente | 9% |
| Nahrungsmittel, Getränke | 5% |

### Hersteller

| | |
|---|---|
| Medikamente | 58% |
| Computer (PC) | 10% (Apple ehemals 50%) |
| Computer (Server) | 15–20% |

### *Der Vertriebskanal – das Tor zum Kunden*

Vertriebsformen lassen sich grob in Direktvertrieb und mehrstufige Kanäle unterteilen. Technische Entwicklungen, insbesondere die Informationstechnologie, haben das Spektrum der Vertriebskanäle in den letzten Jahren stark erweitert. Hier eine Auswahl:

Fremde Einzelhandelsgeschäfte: Produkte werden über den Einzelhandel mit gutem Zugang zu den potentiellen Kunden verkauft. Wichtig ist, einen guten Platz im Verkaufsregal zu bekommen, den natürlich auch die Konkurrenz begehrt und der deshalb entsprechend teuer ist; zudem muss das Produkt dem Einzelhandel einen guten Gewinn ermöglichen, damit er es überhaupt ins Sortiment aufnimmt.

Externe Agenten: Spezialisierte Firmen vertreiben als Agenten die Produkte verschiedener Hersteller; sie übernehmen die Funktion des eigenen Verkäufers. Externe Agenten kosten relativ viel, allerdings nur bei erfolgreichem Verkauf. Wenn sie nicht verkaufen, fallen auch keine Kommissionen an. Das macht diesen Kanal für neue Firmen attraktiv, da das Risiko begrenzt wird. Gute Agenten sind allerdings nicht immer einfach zu finden.

Franchising: Eine Geschäftsidee wird von sogenannten Franchisenehmern gegen eine Lizenzgebühr selbständig umgesetzt, wobei der Franchisegeber die Geschäftspolitik weiter bestimmt (ein bekanntes Beispiel ist McDonald's). Franchising ermöglicht rasches geographisches Wachstum und gleichzeitig Kontrolle über das Vertriebskonzept ohne grosse eigene Investitionen.

Grosshandel: Für eine kleine Firma kann es schwierig sein, Kontakt mit einer grossen Zahl von Einzelhändlern zu pflegen. Ein Grosshändler, der über gute Kontakte zum Einzelhandel verfügt, kann diese Funktion übernehmen. Er kann dazu beitragen, die „Marktdurchdringung" zu erhöhen und gleichzeitig die Vertriebskosten zu senken. Andererseits verlangt der Grosshandel auch eine Marge für seine Tätigkeit.

**Eigene Vertriebsstellen:** Der Vertrieb über eigene Läden wird gewählt, wenn die Gestaltung des „Einkaufserlebnisses" von zentraler Bedeutung für das Angebot ist und keine grosse Zahl von Läden nötig ist, um den Markt abzudecken. Eigene Läden erfordern Investitionen, ermöglichen aber die beste Kontrolle über den Vertrieb.

**Eigene Verkaufsagenten:** Sie werden vor allem bei komplexen Produkten (z.B. Investitionsgütern) eingesetzt, die vom Verkäufer gute Produktkenntnisse verlangen. Persönliche Kundenbesuche sind sehr aufwendig, die Zahl der Kunden muss deshalb limitiert sein. Eigene Agenten als Vertriebskanal sind relativ teuer und lohnen sich nur bei relativ aufwendigen Produkten.

**Direct Mail:** Ausgewählte Kunden erhalten Direktwerbung per Post. In den meisten Ländern bestehen gute Datenbanken, die Adressen von Personen nach gewünschten Kriterien sortiert verkaufen (zum Beispiel: Frauen im Alter von 40 bis 55, alleinstehend, berufstätig, mit einem Einkommen über 60'000 Franken). Der Erfolg von Direct Mail hängt davon ab, ob der Leser sich sofort angesprochen fühlt – sonst wandert die Post in den Papierkorb.

**Call Center:** Kunden werden in der Werbung aufgefordert, ein Produkt über eine Telefonnummer zu bestellen. Einfache Produkte können so an ein breites Publikum gebracht werden, ohne dass Läden im ganzen Verkaufsgebiet aufgebaut werden müssen. Sie können die Leistung eines Call Centers auch von spezialisierten Betreibern einkaufen: Die Bestellungen werden dort entgegengenommen und an Sie weitergeleitet.

**Internet:** Marketing auf dem Internet ist ein relativ neuer Kanal. Mit minimalen Kosten ist grundsätzlich ein weltweiter Markt erreichbar; noch wird das Internet nur von gewissen Kundengruppen genutzt, auch wenn die Zahl ständig zunimmt.

### Promotion: Kommunikation mit dem Kunden

Damit die potentiellen Kunden Ihr Angebot überhaupt zur Kenntnis nehmen, müssen sie es kennen. Sie müssen dafür werben: Auffallen, informieren, überzeugen, Vertrauen schaffen sind Aufgabe der Kommunikation. Sie muss dem Kunden die Vorteile (den Kundennutzen) Ihres Produktes oder Ihrer Dienstleistung erläutern, und sie muss den Kunden davon überzeugen, dass Ihr Angebot sein Bedürfnis besser abdeckt als jenes der Konkurrenz, aber auch besser als alternative Lösungen. Gehör beim Kunden können Sie sich auf verschiedenen Wegen verschaffen:

- Klassische Werbung: Zeitungen, Zeitschriften, Fachjournale, Radio, Fernsehen, Kino
- Direktmarketing: Direct Mail an ausgewählte Kunden, Telefonanrufe, Internet
- Public Relations: Artikel in Printmedien über Ihr Produkt, Ihre Firma, über Sie selbst, verfasst von Ihnen oder von Journalisten
- Ausstellungen, Messen
- Kundenbesuche.

Kommunikation ist teuer. Verzetteln Sie deshalb Ihre Kräfte nicht. Kalkulieren Sie genau, wieviel Werbung Sie sich pro Verkaufsabschluss leisten können, und wählen Sie Ihre Kommunikationsmittel danach aus. Fokussierte Kommunikation trifft besser.

Wenn Sie die Kunden ansprechen, konzentrieren Sie sich auf die Personen, die effektiv den Kaufentscheid treffen. In der klassischen Familie trifft die Frau die meisten Kaufentscheide. Bei Firmen treffen Einkaufsabteilungen den Grossteil der Entscheide selbst, oder sie bereiten eine Empfehlung so vor, dass sie einem Vorentscheid gleichkommt.

## Kennzahlen zu Werbekosten

Die Kosten einer Kampagne hängen von vielen Faktoren ab. Zum Beispiel: Ist das Produkt neu? Ist es bekannt, und soll es Sympathie erzeugen? Welche Segmente sollen angesprochen werden? Was sind die Kommunikationspräferenzen der Segmente? Einige Kostenbeispiele 1997:

| Mediagattung | Werbemittel | Realistische Frequenz je Werbeträger | Gesamtkosten |
|---|---|---|---|
| Tageszeitungen (überregional) | Ganze Seite schwarz/weiss | 6mal | CH: 900'000 SFr. <br> D: 320'000 DM |
| Tageszeitungen (Ballungsräume) | Ganze Seite schwarz/weiss | 6mal | CH: 570'000 SFr. <br> D: 250'000 DM |
| Sonntags- und Wochenzeitungen | Ganze Seite schwarz/weiss | 4mal | CH: 260'000 SFr. <br> D: 170'000 DM |
| Wirtschaftspresse | Ganze Seite schwarz/weiss | 4mal | CH: 280'000 SFr. <br> D: 160'000 DM |
| Publikumszeitschriften | Ganze Seite farbig | 4mal | CH: 590'000 SFr. <br> D: 80'000 DM |
| Fernsehen SF1, TSR, TSI/ ARD, ZDF, RTL | 30-Sek.-Spot | 28mal | CH: 500'000 SFr. <br> D: 1'100'000 DM |
| Kino (Bsp. Für 400 Säle) | 30-Sek.-Spot | 2 Kinowochen (2mal pro Tag) | CH: 120'000 SFr. <br> D: 80'000 DM |
| Lokalradio (Ballungsräume) | 30-Sek.-Spot | 40mal | CH: 220'000 SFr. <br> D: 85'000 DM |

Quelle: Wirz Werbeberatung AG, IVW, MA 97, IHA GfM, Mediamach

## Checkliste Marketing

*Gibt Ihr Businessplan Antwort auf folgende Fragen?*

❏ Ist die Unique Selling Proposition präzise und aus Sicht des Kunden formuliert?

❏ Welche Kunden bilden Ihr Zielsegment? Warum ist gerade dieses Segment für Ihr Unternehmen interessant?

❏ Wie gross ist der Markt insgesamt? Wie gross der für Sie relevante Markt? Wie wird er sich entwickeln?

❏ Wer sind die Konkurrenten? Welche Substitute gibt es für Ihr Produkt?

❏ Wie entwickelt sich Ihr Marktanteil? Wie Ihr Verkaufsvolumen (Umsatz)?

❏ Welchen Preis verlangen Sie für Ihr Angebot?

❏ Welchen Vertriebskanal werden Sie verwenden?

❏ Wieviel kostet Ihre Werbung?

# 5. Geschäftssystem und Organisation

Mit dem Marketingplan haben Sie den Sinn und Zweck Ihres Unternehmens aus Sicht des Kunden und des Kundennutzens ausgearbeitet. Nun muss der Kundennutzen auch physisch realisiert werden können. Es muss geregelt werden, welche Einzeltätigkeiten zu seiner Umsetzung erforderlich sind und wie sie in Form eines „Geschäftssystems" zusammenspielen: Alle zur Herstellung des Produktes oder zur Erbringung der Dienstleistung notwendigen Schritte müssen systematisch und kostengünstig ausgeführt werden und koordiniert ablaufen. Nur dann entsteht sowohl für die Kunden als auch für die Firma selbst ein wirtschaftlicher Nutzen. Damit ein Geschäftssystem funktionieren kann, muss auch geregelt werden, was es im Innern zusammenhält: Zu den organisatorischen Aspekten gehören Arbeitsaufteilung und Verantwortungen, Personalplanung, Führung und Unternehmenskultur. Von praktischer Bedeutung ist schliesslich die Frage, welche Tätigkeiten die Firma selbst ausüben und welche Leistungen oder Produkte sie von externen Partnern beziehen will („make or buy").

In diesem Kapitel erfahren Sie,
- was ein Geschäftssystem umfasst und was Sie bei der Gestaltung berücksichtigen müssen
- welche organisatorischen Fragen Sie beachten und regeln müssen
- was Sie bei der Frage der Eigen- oder Fremdherstellung und der Partnerschaften beachten sollten.

**What tips me off that a business will be successful is that they have a narrow focus of what they want to do, and they plan a sufficient amount of effort and money to do it. Focus is essential.**

*Eugene Kleiner*

## DAS GESCHÄFTSSYSTEM

Jede unternehmerische Aufgabe besteht aus dem Zusammenspiel einer Reihe von Einzeltätigkeiten. Werden sie systematisch in ihrem Zusammenhang aufgezeichnet, wird ein „Geschäftssystem" erkennbar. Das Geschäftssystem beschreibt die Aktivitäten einer Firma, die zur Bereitstellung und Auslieferung eines Endproduktes an einen Kunden notwendig sind – zur besseren Übersicht zusammengefasst in „funktionale" Blöcke. Ein generisches Geschäftssystem, wie es für fast alle Industrien und Unternehmen zutrifft, ist in der Abbildung unten dargestellt.

Das Modell des Geschäftssystems eignet sich gut, die Geschäftstätigkeiten eines Unternehmens zu verstehen, systematisch zu durchdenken und transparent darzustellen.

**Generisches Geschäftssystem**

Forschung & Entwicklung → Produktion → Marketing & Verkauf → Vertrieb → Service

### Vom generischen zum spezifischen Geschäftssystem

Nehmen Sie das generische Modell als Ausgangspunkt für die Gestaltung Ihres eigenen Geschäftssystems. Damit es umsetzbar wird, müssen Sie es auf Ihre Situation übertragen und konkretisieren. Für eine Produktionsfirma ist es zum Beispiel sinnvoll, den Schritt „Produktion" in Teilschritte wie Einkauf, Rohmaterialbearbeitung, Teileherstellung und Montage zu zerlegen. Zusätzlich ist es vielleicht notwendig, den Schritt „Vertrieb" in Teilschritte wie Logistik, Grosshandel und Einzelhandel aufzuspalten.

Was im Einzelfall „sinnvoll" ist, hängt stark von der Branche ab, in der Sie tätig sind, und natürlich von Ihrer Firma selbst. Das Geschäftssystem eines Computerherstellers unterscheidet sich augenfällig von jenem einer Fast-Food-Kette. Aber auch das Geschäftssystem eines Warenhauses wird bedeutend anders aussehen als jenes eines Direktversand-Unternehmens, obwohl beide zum Teil dieselben Produkte verkaufen. Allgemeingültige Regeln oder Standards für ein Geschäftssystem gibt es nicht: Ihr eigenes Geschäftssystem soll logisch aufgebaut, vollständig und für Ihre Planung nützlich sein. Lassen Sie es aber nicht zu komplex werden!

### Fokus, Fokus, Fokus

Eine der Kernfragen des Geschäftssystems ist, auf welche Aufgaben und Tätigkeiten sich ein Unternehmen konzentrieren soll. Ein Team von drei bis fünf Personen wird nicht alle Aufgaben wirtschaftlich sinnvoll selbst ausführen können – sei es, weil die Fähigkeiten fehlen, sei es, weil dies nicht mit der nötigen Effizienz realisierbar wäre. Überlegen Sie sich zusammen mit Ihrem Unternehmerteam genau, mit welchen Tätigkeiten Sie wirklich Neues schaffen, wie Sie die eigene Zeit und die Zeit der Mitarbeiter am wirkungsvollsten einsetzen, damit Sie Ihren Kunden den höchsten Nutzen schaffen und sich gegen die Konkurrenz am besten durchsetzen können. Das Stichwort heisst Fokus: Wenn Sie einmal verstanden haben, aus welchen Schritten Ihr Geschäftssystem besteht, wählen Sie jene aus, die Sie selbst besser ausführen können als irgend jemand anders. Die Entwicklung hin zur Spezialisierung ist ein allgemein zu beobachtender Trend in der Industrie.

Als Henry Ford seine Automobilfirma gründete, war es sein Ziel, sämtliche Stufen des Geschäftssystems selbst auszuführen; er kaufte sogar grosse Waldgebiete auf, um den Holznachschub für die Chassis des Model T zu sichern. Heute konzentriert sich Ford auf wenige Teile des Geschäftssystems, nämlich auf Entwicklung und Marketing. Produktion bedeutet für Ford heute nur noch Endmontage, alle anderen Produktionsschritte werden von Unterlieferanten ausgeführt. Verkauf, Vertrieb und Service liegen in den Händen der unabhängigen Händler.

Für Start-ups ist Spezialisierung besonders wichtig; sie sollten ihre Energie voll auf wenige Schritte des Geschäftssystems ausrichten. Selbst der heutige Softwaregigant Microsoft konzentrierte sich zu Beginn ausschliesslich auf die Entwicklung des Betriebssystems DOS; alle anderen Funktionen des Geschäftssystems wurden damals von IBM wahrgenommen.

Das Fallbeispiel CityScape illustriert Geschäftsfokus und Geschäftssystem einer Internet-Firma: CityScape konzentriert sich auf die Produktion von Inhalten für das Internet und auf das Marketing. Für die notwendige Infrastruktur stützt sich CityScape ganz auf die Leistungen anderer Firmen, z.B. auf Telefongesellschaften für die Datenübertragung und auf „Internet Service Providers" wie Swiss Online, T-Online oder Compuserve für den technischen Zugang zum Internet.

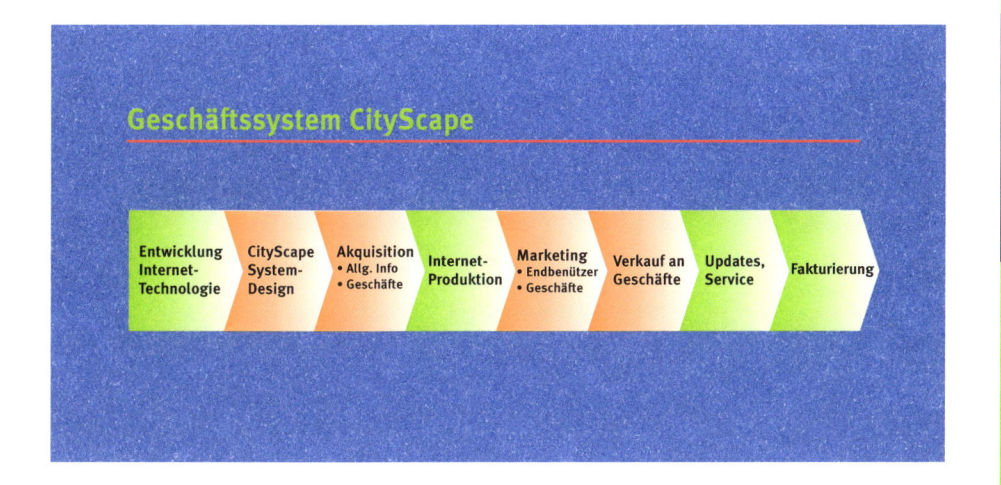

**Geschäftssystem CityScape**

| Entwicklung Internet-Technologie | CityScape System-Design | Akquisition • Allg. Info • Geschäfte | Internet-Produktion | Marketing • Endbenützer • Geschäfte | Verkauf an Geschäfte | Updates, Service | Fakturierung |

**Organizations exist to enable ordinary people to do extraordinary things.**

*Ted Levitt*
*Editor Harvard Business Review*

## ORGANISATION

Ergänzend zum Geschäftssystem müssen Sie einige organisatorische Fragen bedenken. Für einen Start-up ist es allerdings nicht notwendig, auf dem Reissbrett eine aufwendige Organisation zu entwerfen. Fürs erste entscheidend ist, dass Sie die Zuständigkeiten und Verantwortungen klar regeln, dass Sie eine einfache Organisation mit wenigen Stufen gestalten: Geschäftsleiter, Bereichsleiter, Mitarbeiter. Alles weitere wird sich aus den Notwendigkeiten der Geschäftstätigkeit ergeben. Ihre Organisation muss flexibel sein und sich ständig neuen Gegebenheiten anpassen können – erwarten Sie, dass Sie in den ersten Jahren Ihre Firma wiederholt umorganisieren müssen.

### Die schlagkräftige Organisation

Bereits bei der Zusammenstellung des „Dream Team" (siehe Kapitel 3 „Gründerteam") haben Sie sich Gedanken zu den Arbeitsinhalten und Arbeitsabläufen Ihres Unternehmens gemacht und daraus die notwendigen „Kompetenzen" Ihres Unternehmens erfasst. Diese werden Sie nun anhand des Geschäftssystems in sinnvolle Bereiche gliedern. Legen Sie für jeden Bereich fest, wer für was verantwortlich ist (Arbeitsteilung und Verantwortungen). Wenn Sie dann noch übergreifende Funktionen wie Geschäftsleitung, Personal, Finanzen und Admini-

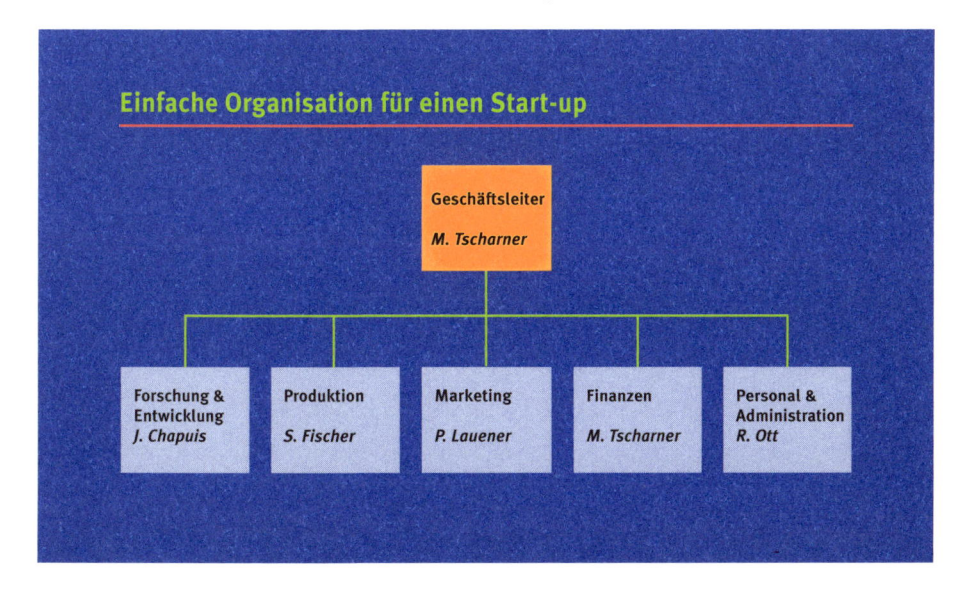

**Einfache Organisation für einen Start-up**

```
                    Geschäftsleiter
                    M. Tscharner
    ┌───────────┬───────────┬───────────┬───────────┐
Forschung &  Produktion  Marketing    Finanzen    Personal &
Entwicklung                                       Administration
J. Chapuis   S. Fischer  P. Lauener   M. Tscharner  R. Ott
```

## Kennzahlen zu Personalkosten

Die Personalkosten sind von verschiedenen Faktoren abhängig, zum Beispiel von der Branche, dem Alter des Mitarbeiters oder der Mitarbeiterin und der Ausbildung. Grössenordnungen sind etwa folgende:

| Funktion | Jahresgehalt Tausend SFr. | Jahresgehalt Tausend DM |
|---|---|---|
| Geschäftsleiter | 120–150 | 120–150 |
| Chemiker – Biochemiker | 110–130 | 75–90 |
| Elektroniker | 90–110 | 65–85 |
| Fernmeldespezialist | 100–120 | 65–90 |
| Maschineningenieur | 80–100 | 70–95 |
| Personalleiter | 80–100 | 70–90 |
| Übersetzer | 70–85 | 45–60 |
| Maschinen- und Metallarbeiter | 60–70 | 40–60 |
| Sachbearbeiter | 50–60 | 50–60 |
| Telefonist | 50–60 | 45–55 |
| Laborant | 70–80 | 35–45 |

Arbeitgeberbeiträge, die zusätzlich zu den Lohnkosten anfallen (Lohnnebenkosten), betragen in der Schweiz circa 20–25% des Lohnes, in Deutschland 45–65%

Informationsquellen:
*Produktions- und Wertschöpfungsstatistik*, Bundesamt für Statistik
*Statistisches Jahrbuch der Schweiz*, Verlag NZZ
FAZ; *Wer verdient wieviel?*

stration eingerichtet haben, ist Ihre Organisation funktionstüchtig. Mit einer einfachen Organisation sorgen Sie dafür, dass jedes Teammitglied klar vereinbarte Aufgaben übernehmen und selbständig zu Ende führen kann. Eine gewisse Koordination muss natürlich sein: Der Rest des Teams soll nie so weit von der Funktion einer verantwortlichen Person entfernt sein, dass es ohne sie hilflos wäre.

### Personalplanung

Mit dem raschen Aufbau der neuen Firma wird eine systematische Personalplanung unumgänglich. Wachstum erfordert mehr Personal – neue Mitarbeiter müssen rekrutiert, in die Organisation integriert und ausgebildet werden. Ein einfach strukturiertes Arbeitsumfeld hilft Ihnen, klare Stellenprofile zu erstellen und neue Mitarbeiter gezielt zu suchen. Beachten Sie dabei, dass qualifizierte und spezialisierte Arbeitskräfte (trotz relativ hoher Arbeitslosigkeit) nicht leicht zu finden sind. Vielfach werden Sie nicht darum herumkommen, gute Mitarbeiter von der Konkurrenz abzuwerben; bei einer Kündigungsfrist von bis zu sechs Monaten heisst das, frühzeitig zu planen!

### Werte

Neben den eher formalen Aspekten der Organisation werden Sie sich auch mit „weichen" Faktoren befassen müssen. Wie jede Gemeinschaft entwickeln Unternehmen eigene Vorstellungs- und Handlungsmuster, die das Verhalten des Ganzen und des einzelnen beeinflussen. Landläufig werden diese Werte und Normen unter dem Begriff Unternehmenskultur zusammengefasst. Werte werden zwar meist vom Gründerteam und seiner Vision geprägt; sie können aber auch vom Team explizit formuliert werden. Entscheidend ist: Werte müssen gelebt werden – und zwar von allen. Ein schönes „Leitbild" in goldenem Rahmen beruhigt bestenfalls das Gewissen. Wenn es Ihnen gelingt, eine Unternehmenskultur zu formen, die nach innen und aussen positiv ausstrahlt, wird sich das als Wettbewerbsvorteil erweisen: Es sind nicht zuletzt die Werte, die ein Unternehmen für hervorragende Mitarbeiter langfristig attraktiv machen. Zur Unternehmenskultur im weiteren Sinne können auch Fragen des Salär- und Anreizsystems (z.B. Aktienoptionen oder leistungsabhängiger Bonus) gezählt werden.

### Beispiele von Werten und Normen

❖ Wir sind immer für unsere Kunden da
❖ Wir bleiben integer, auch wenn es uns zum finanziellen Nachteil gereicht
❖ Wir setzen auf die Leistung des Ganzen, nicht des einzelnen
❖ Wir wollen die Grössten und die Besten sein
❖ Wir honorieren aussergewöhnliche Leistung
❖ Wir schätzen unsere Mitarbeiter als wertvollste Ressource
❖ Wir wollen Marktführer sein
❖ Wir streben nach höchster Qualität in allem, was wir tun.

### Der richtige Standort

Der richtige Standort kann für den Erfolg eines Unternehmens unter Umständen ein erfolgsbestimmender Faktor sein. Je nach Geschäftstätigkeit kommt ihm mehr oder weniger grosse Bedeutung zu. Klassische Standortfaktoren sind zum Beispiel:

- Das rechtliche Umfeld: Haftungsregeln, Steuern
- Das politische Umfeld: Eigentumsgarantie, Regulierung
- Das wirtschaftliche Umfeld: Konjunktur, Arbeitslosigkeit, Grundstückspreise und Mieten
- Die Nähe zu Beschaffungs- oder Absatzmärkten (je nach Produkt)
- Der Zugang zu Fachpersonal und Know-how (in den meisten Branchen heute der Schlüsselfaktor).

Angesichts des zu erwartenden Wachstums müssen Sie damit rechnen, dass Ihr Unternehmen in den ersten 5 Jahren mehrmals den Standort wechselt. Sehen Sie deshalb von längeren Mietverträgen ab, und achten Sie bei der Auswahl von Räumen und Gebäuden auf Flexibilität.

## Kennzahlen zu Büro- und Gewerbeflächen

Der Raumbedarf ist im Gewerbebereich direkt von der Tätigkeit abhängig. Die Kosten für Büro- und Gewerbeflächen variieren je nach Standort stark.

| **Mittlere Mietpreise für Büroflächen** | Miete (CH in SFr./D in DM) pro m²/Jahr |
|---|---|
| CH: Agglomeration* | 180–210 |
| CH: City* | 250–500 |
| D: Städte** | 350–600 |

| **Flächenbedarf** | m² pro Person |
|---|---|
| Grossraumbüros | 9–10 m² |
| Einzelbüros | 15–20 m² |
| Chefbüros | 25 m² |

| **Mittlere Mietpreise für Gewerbeflächen** | Miete (CH in SFr./D in DM) pro m²/Jahr |
|---|---|
| CH: Agglomeration* | 100–150 |
| CH: City* | 160–250 |
| D: Städte** | 150–200 |

\* Zürich, Bern, Basel und Lausanne
\*\* Hamburg, Stuttgart, München, Berlin

Informationsquellen:
VDM online, Spaltenstein Immobilien Management, 1998

## „MAKE OR BUY" UND PARTNERSCHAFTEN

Wenn Sie den Kern Ihres Geschäfts festgelegt und das notwendige Geschäftssystem aufgezeichnet haben, müssen Sie sich überlegen, wer nun die einzelnen Schritte am besten ausführt. Aktivitäten, die ausserhalb des gewählten Fokus liegen, sollten Dritten übertragen werden. Aber auch unterstützende Tätigkeiten innerhalb der neuen Firma müssen nicht unbedingt alle selbst ausgeführt werden. Dazu gehören zum Beispiel die Buchhaltung oder das Personalwesen. Bei jeder einzelnen Tätigkeit stellt sich grundsätzlich nochmals die Frage, „selber machen oder auswärts vergeben" – oder im Jargon des Betriebswirtschaftlers „make or buy".

### Eigenerstellung oder Fremdvergabe

„Make or buy"-Entscheide müssen Sie bewusst und nach Abwägen aller Vor- und Nachteile treffen: Partnerschaften mit Lieferanten lassen sich oft nicht von einem Tag auf den andern auflösen, und manch ein Partner ist nicht ohne weiteres ersetzbar, wenn er ausfällt. Stützen Sie sich bei Ihren „Make or buy"-Entscheidungen vor allem auf folgende Kriterien:

Strategische Bedeutung: Leistungen, die wesentlich zu Ihrem Wettbewerbsvorteil beitragen, sind für Ihr Unternehmen von „strategischer" Bedeutung. Diese Aufgaben müssen Sie unter eigener Kontrolle behalten. Forschung und Entwicklung können von Technologiefirmen kaum aus der Hand gegeben werden, und ein Konsumgüterhersteller wird nie das Marketing abgeben.

Beste Eignung: Jede unternehmerische Tätigkeit erfordert spezifische Fähigkeiten, die im Unternehmerteam nicht unbedingt vorhanden sind. Ihr Unternehmerteam muss sich deshalb überlegen, ob es im konkreten Fall Sinn macht, eine bestimmte Aufgabe selbst auszuführen, ob Sie die notwendigen Fertigkeiten erlernen wollen oder ob es vorteilhafter wäre, die Aufgabe einer spezialisierten Firma zu übertragen. Ein Beispiel: Ein Team, das ein elektronisches Gerät entwickelt, beherrscht zwar die Elektronik, aber es verfügt nicht über ausreichende Fertigkeiten in der Produktion – es wird diese Aufgabe deshalb besser fremdvergeben. Spezialisierte Firmen können dank ihrer Erfahrung eine Aufgabe häufig nicht nur besser ausführen, sondern dank hohem Auftragsvolumen auch Kostenvorteile ausspielen.

Marktangebot: Bevor Sie einen Kaufentscheid treffen können, müssen Sie abklären, ob das Produkt oder die Dienstleistung in der gewünschten Form oder Spezifikation auf dem Markt erhältlich ist. Verhandeln Sie wenn immer möglich mit mehreren Anbietern: Sie kommen dabei meist zu besseren Konditionen und lernen gleichzeitig mehr über die einzukaufende Leistung. Oft können Sie einem Lieferanten sogar helfen, dessen Leistung zu verbessern. Falls für eine gewünschte Leistung kein Lieferant zu finden ist, können Sie vielleicht einen Partner finden, der bereit ist, die notwendigen Fähigkeiten zu entwickeln.

### Partnerschaften

Jede Firma steht in einem Geschäftsverhältnis zu anderen Firmen, sei es als Lieferant oder als Käufer. Diese Beziehungen sind in ihrer Intensität und Qualität unterschiedlich; sie reichen von der ungebundenen, eher zufälligen Beziehung (eine Firma kauft ihr Büromaterial im Grossmarkt mit dem günstigsten Angebot ein) bis hin zur strategischen Allianz, die zu intensiver Zusammenarbeit und gegenseitiger Abhängigkeit führt (z.B. Microsoft und Intel).

Für ein neu gegründetes Unternehmen ist die Frage, wie es mit anderen Firmen zusammenarbeiten will, besonders relevant. Jede Art der Zusammenarbeit hat Vor- und Nachteile:

- ◆ Lose, unverbindliche Partnerschaften bedeuten für keine Seite eine grosse Verpflichtung. Beide Parteien können die Partnerschaft einfach und schnell beenden; beide leben aber auch mit der Unsicherheit, dass die Zulieferung oder der Absatz schnell versiegen kann. Zudem wird ein Lieferant nur teilweise auf die besonderen Bedürfnisse einer Kundenfirma eingehen, weil er individuell abgestimmte Produktmerkmale nicht für andere Kunden nutzen kann.

Lose Beziehungen sind deshalb typisch für Massenprodukte, Alltagsdienstleistungen und standardisierte Komponenten, für die leicht Ersatzkäufer und Ersatzlieferanten zur Stelle sind.

- Enge Partnerschaften sind durch zum Teil starke Abhängigkeit zwischen den Partnern geprägt; sie sind typisch für hochspezialisierte Produkte und Dienstleistungen oder bei grossem Handelsvolumen. In solchen Situationen ist es normalerweise für beide Seiten schwierig, kurzfristig den Partner zu wechseln oder grosse Mengen spezieller Bauteile innert kurzer Zeit von einem anderen Hersteller zu beziehen oder auf dem Markt zu verkaufen. Der Vorteil für beide Seiten ist die Sicherheit einer festen Beziehung und die Möglichkeit, sich auf die eigenen Stärken zu konzentrieren und von den Stärken des Partners zu profitieren.

Damit eine Partnerschaft zu einer erfolgreichen Geschäftsbeziehung führt, müssen mehrere Voraussetzungen gegeben sein:

„Win-Win"-Situation: Beide Seiten müssen aus der Partnerschaft gerecht verteilte Vorteile ziehen können; ohne Anreize für beide Seiten ist eine Partnerschaft längerfristig nicht tragbar.

Risiken und Investitionen: Partnerschaften bergen Risiken, die vor allem bei günstigem Geschäftsverlauf oft nicht gebührend beachtet werden. Ein Zulieferer mit einem Exklusivvertrag kann zum Beispiel in eine missliche Lage geraten, wenn sein Abnehmer plötzlich die Produktion drosselt und weniger Komponenten abnimmt; dies gilt um so mehr, wenn der Zulieferer spezialisierte Produktionswerkzeuge angeschafft hat, die nicht ohne weiteres für andere Aufträge und Abnehmer verwendbar sind. Umgekehrt kann ein Abnehmer in grosse Schwierigkeiten geraten, wenn ein Zulieferer ausfällt (Konkurs, Feuer, Streik usw.). Risiken und mögliche finanzielle Belastungen müssen also im voraus bedacht und allenfalls in Verträgen geregelt werden.

Auflösung: Wie in zwischenmenschlichen Beziehungen kann es auch in Geschäftsbeziehungen zu Spannungen und untragbaren Situationen kommen. Legen Sie deshalb bei jeder Partnerschaft von Beginn weg klar fest, unter welchen Bedingungen sich ein Partner aus der Partnerschaft zurückziehen kann.

Überlegen Sie sich bereits im Businessplan, wie und mit wem Sie später zusammenarbeiten werden. Partnerschaften bieten Ihrem noch jungen Unternehmen die Chance, von den Stärken etablierter Firmen zu profitieren und sich auf den Aufbau eigener Stärken zu konzentrieren. Auf diese Weise können Sie meist schneller wachsen, als es im Alleingang möglich wäre.

---

### Checkliste Geschäftssystem und Organisation

*Gibt Ihr Businessplan Antwort auf folgende Fragen?*

- ❏ Wie sieht das Geschäftssystem für Ihr Unternehmen aus?

- ❏ Welche Aktivitäten innerhalb des Geschäftssystems nimmt Ihr Unternehmen wahr?

- ❏ Wo liegt Ihr Fokus?

- ❏ Aus welchen Unternehmensfunktionen besteht Ihre Organisation, und wie ist sie strukturiert?

- ❏ Welche Werte und Normen prägen Ihre Organisation (Unternehmenskultur)?

- ❏ Was machen Sie selbst („Make"), und was kaufen Sie zu („Buy")?

- ❏ Mit welchen Partnern werden Sie zusammenarbeiten? Was sind die Vorteile der Zusammenarbeit für Sie und für Ihre Partner?

**Business is like chess: To be successful, you must anticipate several moves in advance.**

*William A. Sahlmann*
*Professor*

# 6. Realisierungsfahrplan

Der Realisierungsfahrplan hat wesentlichen Einfluss auf die Finanzierung und die Risiken des Geschäfts: Sie helfen deshalb sich und Ihren Partnern, wenn Sie im voraus die Zusammenhänge durchdenken und die Auswirkungen verschiedener Einflüsse analysieren.

Realistisches Planen ist nicht einfach; dies gilt vor allem, wenn Sie selbst wenig Erfahrung im Aufbau einer Firma haben, und erst recht, wenn niemand Erfahrung mit Ihrer Geschäftsidee hat – eigentlich die normale Situation eines Start-up. Lassen Sie sich auch nicht davon abhalten, möglichst realistisch zu planen, wenn Sie daran denken, dass Ihr Plan rasch von der Realität eingeholt und überholt sein wird. Denn auf eine Planung zu verzichten hätte mit grosser Wahrscheinlichkeit fatale Folgen für Ihr Geschäft.

Planung ist ein Werkzeug – brauchen Sie es!
In diesem Kapitel erfahren Sie,
- wie Sie besser planen können
- welche Folgen falsche Planung haben kann
- wie Sie Ihre Planung im Businessplan präsentieren.

**The seeds of every company's demise are contained in its business plan.**

*Fred Adler*
*Unternehmer*

## WIRKSAME PLANUNG

Für eine effiziente Planung spielen organisatorische und vorgehensmässige Aspekte eine Rolle. Vier einfache Regeln können Ihnen hier weiterhelfen:

### 1. Aufgaben in Arbeitspakete aufteilen

Beim Aufbau eines Unternehmens sind viele Detailarbeiten zu erledigen; um so wichtiger ist deshalb, dass Sie das Gesamte im Auge behalten. Komplexität lässt sich vermindern, wenn Sie einzelne Tätigkeiten in „Arbeitspakete" zusammenfassen. Der Businessplan sollte jedoch höchstens ein Dutzend solcher Arbeitspakete enthalten – die Verantwortlichen können ihre Arbeitspakete später selbst weiter unterteilen. Gliedern Sie jedes Arbeitspaket in einzelne Schritte, die mit einem „Meilenstein" – einem konkreten Ziel – enden; ein Meilenstein ist erst erreicht, wenn auch das entsprechende Ziel erfüllt ist.

### 2. Experten fragen

Nutzen Sie die Kenntnisse von Experten, um die wesentlichen Planungsschritte zu untermauern. Definitionsgemäss wird es keinen „Experten" für das ganze Geschäft geben, sehr wohl aber für die einzelnen Teile. Zum Beispiel kann Ihnen ein Marketingfachmann erläutern, wie lange es dauert, eine Marketingkampagne zu entwerfen und durchzuführen. Sollten die Zeitvorgaben eines Experten einmal Ihren Vorstellung zuwiderlaufen, hinterfragen Sie die Annahmen: Was müsste geändert werden, um schneller vorwärtszukommen? Bleiben Sie dabei realistisch.

### 3. Den kritischen Pfad beachten

Jede Gesamtplanung besteht aus einer Reihe von Ereignissen, die zum Teil sequentiell, zum Teil parallel ablaufen und die mehr oder weniger stark miteinander verknüpft sind. Jene Reihe von Aktivitäten, bei denen eine Verzögerung unweigerlich das Gesamtprojekt verzögert, nennt man den „kritischen Pfad". Es ist klar, dass Sie den Tätigkeiten auf dem kritischen Pfad Ihr besonderes Augenmerk schenken. Auch wenn Sie Zeit sparen wollen, kann dies nur über Aktivitäten auf dem kritischen Pfad geschehen.

### 4. Risiken reduzieren

Versuchen Sie, wenn immer möglich, risikomindernde Tätigkeiten an den Anfang zu nehmen. Zum Beispiel können Sie eine Marktbefragung sofort oder erst kurz vor Marktauftritt durchführen. Wenn Sie mit einer frühen Marktbefragung herausfinden, dass Ihre Geschäftsidee wirklich Potential hat, können Sie diese Daten nutzbringend in der Planung des Geschäftsaufbaus einsetzen.

---

**Warum realistische Planung wichtig ist**

1. Sie gewinnen an Glaubwürdigkeit bei den Investoren und Partnern.

2. Sie erhöhen die Erfolgschancen Ihres Unternehmens, indem Sie die verschiedenen Aktivitäten und ihre Abhängigkeiten durchdenken.

3. Sie gefährden Ihre Firma, wenn Sie mit falschen – vor allem zu optimistischen – Planzielen operieren, und riskieren, Ihre Anteile zu verlieren.

---

## MÖGLICHE FOLGEN FALSCHER PLANUNG

Bei der Planung müssen Sie immer wieder von Annahmen ausgehen. Dabei besteht die Gefahr, dass Sie zu optimistisch oder auch zu pessimistisch sind. Beides hat einschneidende Folgen für den weiteren Verlauf Ihrer Unternehmensgründung.

### Die Folgen optimistischer Planung

Mit einer zu optimistischen Planung schaden Sie sich gleich doppelt: Zum einen verlieren Sie rasch an Glaubwürdigkeit – bei allen Partnern. Zum andern kann eine zu optimistische Planung das junge Unternehmen später rasch zu Fall bringen, etwa nach folgendem klassischem Muster:

- Ressourcen in Form von Sachanlagen und Personal werden nach Plan aufgebaut, und entsprechend fallen Kosten an. Im Jargon spricht man von einer hohen „burn rate", das heisst, Geld wird schnell aufgebraucht.

- Irgend etwas verzögert sich: Produktentwicklung, Markteintritt, Erreichen von Verkaufszielen. Damit ziehen sich auch die Einnahmen hinaus, und das bei laufenden Kosten für Ressourcen, die nicht ausgeschöpft werden. Das Unternehmen schreibt nicht nur Buchverluste, sondern verliert auch Cash.
- Unweigerlich geht das Geld aus, bevor der geplante Erfolg einsetzt. Es muss nach neuen Mitteln gesucht werden, und das in einer Notsituation.
- Können keine Investoren gefunden werden, geht das Unternehmen ein. Glauben die Investoren weiterhin an den Erfolg (das fällt nach dem Glaubwürdigkeitsverlust durch falsche Planung doppelt schwer), werden sie zwar weiter Geld einschiessen, für den Unternehmer bedeutet es aber gleichzeitig eine oft empfindliche Beschneidung seiner Anteile, allenfalls bis zum totalen Verlust seines Eigenkapitals.

### Die Folgen pessimistischer Planung

Pessimistische oder konservative Planung erscheint auf den ersten Blick nicht so schlimm: Sie überraschen sich und Ihre Partner mit positiven Resultaten, alles ist besser, alles geht schneller als erwartet. Dennoch gilt: Eine zu pessimistische Planung kann ebenso grosse negative Folgen zeitigen, wie die folgenden zwei Szenarien zeigen:

- Das Geschäft hebt ab, aber die nötigen Ressourcen fehlen. Man kann versuchen, die Nachfrage mit den vorhandenen Ressourcen zu befriedigen; das wird unweigerlich zu Qualitätsproblemen führen und den langfristigen Erfolg des Unternehmens in Frage stellen. Oder man wächst nach Plan mit der Gewissheit, dass möglicher Umsatz verlorengeht, und mit dem Risiko, dass ein Konkurrent ebenfalls ins Geschäft einsteigt. Auf jeden Fall geht wesentlicher Mehrwert für den Unternehmer und das Unternehmen verloren.
- Das Geschäft wächst schneller als erwartet. Wachstum bedingt jedoch Umlaufvermögen in Form flüssiger Mittel (Cash), meist auch Investitionen in die Produktion. Der Firma geht rasch einmal das Geld aus, auch wenn sie Buchgewinne verzeichnet. Für den Unternehmer hat das zur Folge, dass er frühzeitig mehr Geld suchen muss, was unter Zeitdruck zu schlechten Bedingungen führen kann. Am Ende lauert der Konkurs – das Phänomen ist deshalb auch als „sich bankrott wachsen" bekannt.

Seien Sie in Ihrer Planung ehrlich, und versuchen Sie, so realistisch wie möglich zu planen. Berücksichtigen Sie Ungewissheiten, indem Sie deren Risiken und Auswirkungen sauber abschätzen und offen darlegen.

## PRÄSENTATION DER PLANUNG

Konzentrieren Sie die Darstellung Ihres Realisierungsfahrplans auf die wesentlichen Meilensteine und die wichtigsten Zusammenhänge. Drei Elemente werden in der Regel genügen:
- Gantt-Chart zum Realisierungsverlauf
- Wichtige Meilensteine
- Wichtigste Zusammenhänge und Abhängigkeiten zwischen den Arbeitspaketen.

Der Muster-Businessplan CityScape zeigt eine konkrete Umsetzung dieser Präsentationsformen.

### Checkliste Realisierungsfahrplan

*Gibt Ihr Businessplan Antwort auf folgende Fragen?*

❏ Welche Aufgaben kommen mit dem Wachstum auf Ihre Firma zu, und wie werden sie sinnvoll zu Arbeitspaketen zusammengefasst?

❏ Was sind die wichtigsten Meilensteine in der Entwicklung Ihres Unternehmens, und wann müssen sie erreicht sein?

❏ Welche Aufgaben und Meilensteine hängen direkt voneinander ab? Welches ist der kritische Pfad?

# 7. Risiken

Jedes Unternehmen – und wachstumsstarke neue Unternehmen im besonderen – ist mit Risiken verbunden. Diese Risiken teilen Sie als Firmengründer mit den Investoren, die Ihr Projekt finanzieren. Mit einer ehrlichen und vollständigen Risikobetrachtung schaffen Sie Vertrauen – gegenüber den Investoren, aber auch für sich selbst. Mit der Betrachtung der Risiken im Businessplan zeigen Sie potentiellen Investoren, dass Ihre Geschäftsidee durchdacht ist. Verzichten Sie darauf, müssen potentielle Investoren annehmen, dass Sie die Geschäftsidee oder den Geschäftsaufbau übermässig optimistisch darstellen. Das macht hellhörig: Der Businessplan wird aufgrund eigener Erfahrung, vielleicht auch willkürlich, schlechter bewertet, als er ist, oder sogar komplett verworfen. Bei aller Offenlegung der Risiken sollten diese im Businessplan aber nicht mehr Platz einnehmen als die im Vorfeld besprochenen Chancen: Wenn Ihre Geschäftsidee mehr Risiken aufweist als Chancen, stimmt wohl etwas mit der Geschäftsidee nicht!

In diesem Kapitel erfahren Sie,
- wie Sie Risiken erkennen
- wie Sie Risiken mit Sensitivitätsanalysen bewerten und darstellen.

# One of the greatest myths about entrepreneurs is that they are risk seekers. All sane people want to avoid risk.

*William A. Sahlmann*
*Professor*

## ERKENNEN DER RISIKEN

Jedes Unternehmen ist Risiken ausgesetzt. Risiken lauern im Unternehmen selbst, und sie entstehen auch unentwegt im Marktumfeld der Firma. Risiken sind nichts Statisches: Risiken sind immer wieder neu zu beurteilen, neue Risiken müssen frühzeitig erkannt werden. Unternehmer müssen wachsam sein.

Zeigen Sie im Businessplan auch auf, welche Gegenmassnahmen Sie zu treffen gedenken. Zum Beispiel können Sie sich gegen Wechselkursschwankungen bei Auslandgeschäften absichern, Langzeitverträge mit wichtigen Lieferanten abschliessen oder alternative Vertriebskonzepte vorbereiten.

### Wo Risiken lauern – Beispiele

**Im Unternehmen**
- Wichtige Positionen können nicht besetzt werden
- Ein wichtiger Mitarbeiter, z.B. der Entwicklungsleiter, fällt aus
- Der Verlust des Prototyps verzögert die Entwicklung und damit die Markteinführung

**Im Umfeld**
- Sie können nur halb soviel verkaufen, wie erhofft
- Beim Lieferanten eines Schlüsselbauteils brennt die Fabrik nieder
- Ein Konkurrent bringt kurz nach Produkteinführung ein billigeres Alternativprodukt auf den Markt
- Sie erhalten kein Patent für Ihr technisches Verfahren
- Der grösste Kunde wird zahlungsunfähig
- Ihr Vertriebspartner beendet die Zusammenarbeit

**Venture capitalists can take a lot of bad news, but they hate surprises.**

*Jack Hayes*
*Unternehmer*

Teil 3

## SENSITIVITÄTSANALYSE

Die Bewertung von Risiken ist eine Zukunftsbetrachtung. Risiken sind nie absolut, sondern nur aufgrund von Annahmen bewertbar. Diese werden gewöhnlich modellartig in Form von Szenarien ausgestaltet, die erlauben, das zukünftige Geschäft unter wechselnden Annahmen zu simulieren. Präsentieren Sie im Businessplan höchstens drei Szenarien. Üblich sind:

◆ Der „Normalfall" (normal case scenario) – d.h. der nach bestem Wissen und Gewissen zu erwartende Fall

◆ Der „günstigste Fall" (best case scenario) – d.h., die angenommenen Chancen und positiven Bedingungen treten mehrheitlich ein

◆ Der „ungünstigste Fall" (worst case scenario) – d.h., die angenommenen Risiken und ungünstigen Bedingungen treten mehrheitlich ein.

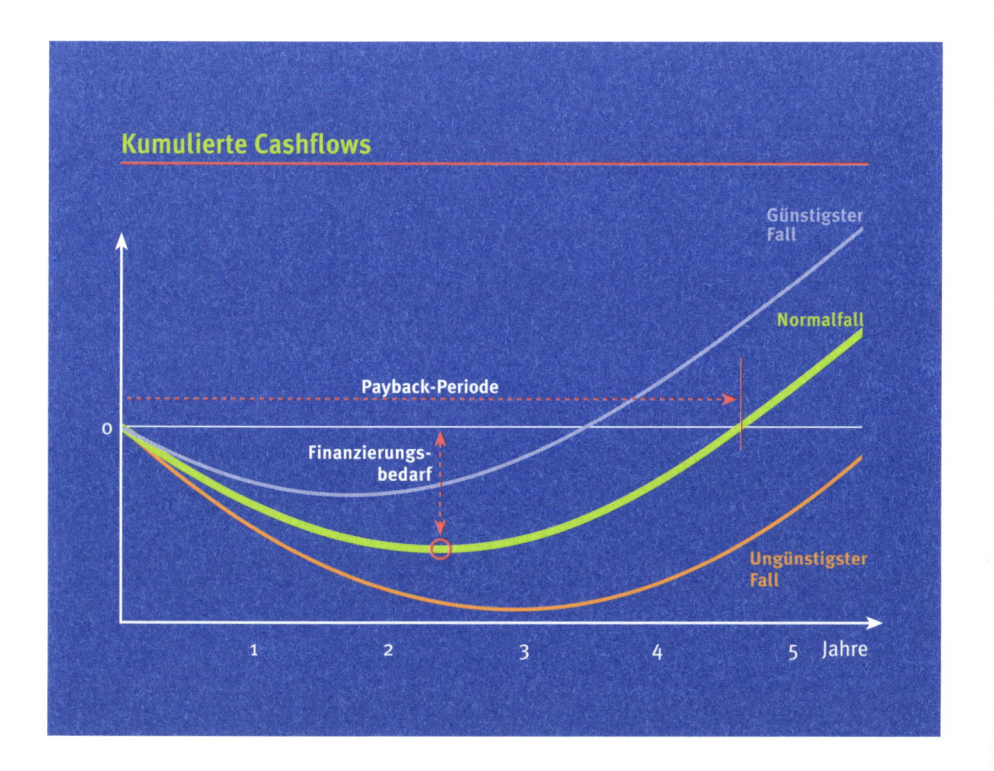

**Kumulierte Cashflows**

Aus diesen Szenarien resultieren Einsichten zum möglichen Geschäftsgang und zu den benötigten flüssigen Mitteln. Diese Erkenntnisse geben dem Unternehmerteam und potentiellen Investoren ein breiteres Bild der Zukunft der Firma. Zudem lässt sich anhand des „ungünstigsten Falles" eine konkretere Aussage über die Stabilität und das Gesamtrisiko des Geschäfts machen.

Beschreiben Sie die Szenarien im Businessplan kurz: Welche Ereignisse, Umsätze, Preise, Konstanten liegen dem Szenario zugrunde? Den Normalfall müssen Sie im Businessplan genau beschreiben; für die anderen Szenarien reicht es, das Ergebnis der Analyse in Form der drei wichtigsten Kennzahlen zusammenzufassen (die Fachbegriffe sind in Kapitel 8 „Finanzierung" erklärt):

- Finanzbedarf: Wieviel Kapital ist zur Finanzierung des Unternehmens notwendig?
- Zeit bis zum Breakeven: Wann wird der Cashflow positiv?
- Internal Rate of Return (IRR): Wie gut werden die Investitionen verzinst?

### Checkliste Risiken

*Gibt Ihr Businessplan Antwort auf folgende Fragen?*

❑ Welche Risiken, die das Gelingen Ihres Unternehmens gefährden könnten, sehen Sie?

❑ Wie gehen Sie mit diesen Risiken um, und wie minimieren Sie ihren negativen Einfluss?

❑ Wie wirken sich die einzelnen Risiken quantitativ aus (Szenarien)?

❑ Wie überlebt Ihr Unternehmen den „worst case"?

# 8. Finanzierung

Die erste Frage der Finanzierung ist, wieviel Geld Sie insgesamt benötigen, um das Unternehmen erfolgreich zu lancieren und zu betreiben. Der Mittelbedarf lässt sich anhand eines Finanzplans abschätzen, der auf Ihren Annahmen für den Aufbau des Geschäfts beruht. Die zweite Frage ist, wieviel flüssige Mittel (Cash) Sie jederzeit verfügbar haben müssen, damit die Firma den laufenden Verbindlichkeiten nachkommen kann. Das ist eine zentrale Aufgabe der Mittelplanung. Die dritte Frage ist, wie und woher die benötigten Mittel beschafft werden können. In den allermeisten Fällen kann das Unternehmerteam nur einen Bruchteil der benötigten Mittel selbst aufbringen. Die erfolgreiche Suche nach Investoren wird somit zur Daseinsfrage für das Unternehmen: „To be or not to be" ist in diesem Fall eine Frage des Geldes.

In diesem Kapitel erfahren Sie,
- warum flüssige Mittel für ein Unternehmen so wichtig sind („cash is king")
- worauf Sie bei der Finanzplanung im Businessplan achten müssen
- wie ein Unternehmen finanziert werden kann
- wie Sie die Rendite des Kapitalgebers berechnen
- was Sie über Bilanz, Gewinn- und Verlustrechnung und über die Cashflow-Rechnung wissen sollten.

**What kind of numbers do we like to see? The more mature a business is, the more we rely on numbers. For a newer business, the numbers matter less and the words matter more.**

*Robert Mahoney*
*Investment Banker*

## CASH IS KING

Stellen Sie sich vor: Es ist ein kalter Wintertag, Sie haben sich an einem Würstchenstand einen Hotdog bestellt. Da liegt er nun vor Ihnen, ganz nach Ihren Wünschen mit Ketchup und Senf zubereitet. Sie greifen zum Portemonnaie und erschrecken: Ganze 65 Pfennige sind darin, plus 5'000 Lire aus den letzten Ferien. Die Kredit- und Geldautomatenkarten nützen Ihnen hier am Stand wenig. Fazit: Sie sind zwar finanziell solide gepolstert und dennoch zahlungsunfähig!

Ähnlich kann es Ihrem neuen Unternehmen ergehen, wenn Sie nicht richtig planen: Ihr Produkt ist fertig entwickelt, viele Kunden sind bereits dafür gewonnen, Ihr Unternehmen hat einen beträchtlichen Wert, wenn man von den zukünftig anfallenden Erlösen ausgeht. Ihre Bücher weisen Gewinne aus, und Ihr Eigenkapital (das Unternehmensvermögen) nimmt stetig zu. Und trotzdem: Das Monatsende naht, Löhne, Miete, Telefonrechnungen sind fällig, und auf Ihrem Bankkonto befinden sich gerade 1'000 DM. Zwar stehen noch Kundenrechnungen über 50'000 DM aus, aber wegen Ihrer grosszügigen Zahlungsbedingungen können Sie nicht darauf zählen, dass bis zum Monatsende ein ausreichend grosser Betrag eingeht. Fazit: Sie werden die auf Sie zukommenden Forderungen nicht begleichen können – Sie sind zwar weit über die Erwartungen erfolgreich und trotzdem zahlungsunfähig!

Beiden Situationen liegt die Tatsache zugrunde, dass fällige Forderungen mit Bargeld beglichen werden müssen und dass eine grundsätzlich gute Ertragslage wenig nützt, wenn Sie nicht über genügend Bargeld (Liquidität) verfügen. Die Situation am Würstchenstand wäre noch leicht mit einem Gang zum nächsten Geldautomaten zu lösen gewesen. Ihre Firma dagegen müsste schon einen Bankkredit aufnehmen, und der ist auf die Schnelle nicht so leicht zu bekommen. Mit einer sorgfältigen Liquiditätsplanung hätten Sie den Liquiditätsengpass allerdings schon Monate im voraus erkannt und damit genügend Zeit gehabt, sich um einen Kredit zu bemühen.

**It is easy to forecast numbers with today's software. Show me the business model and your assumptions.**

*Brian Wood*
*Venture Capitalist*

Sie werden zu Beginn Ausgaben tätigen müssen, ohne dass bereits Geld eingenommen wird. Geld fliesst vorerst per Saldo ab – der Cashflow ist negativ. Die Cashflows werden bis zum Breakeven – dem Zeitpunkt, an dem die Bargeldausgaben durch die Zahlungseingänge ausgeglichen werden – negativ sein. Die Summe aller negativen Cashflows bis zum Breakeven muss vorgängig finanziert sein. Wenn Sie also erwarten, dass Ihre Firma kumuliert 3,7 Millionen DM Bargeldabfluss haben wird, dann sollten Sie vor der Firmengründung sicherstellen, dass mindestens 3,7 Millionen DM finanziert sind (um Liquiditätsengpässe zu vermeiden, etwas mehr). Oder Sie müssen zumindest wissen, wann und wie Sie das restliche Geld auftreiben können.

## FINANZPLANUNG IM BUSINESSPLAN

Ein Unternehmen sollte jederzeit (oder zumindest an bestimmten Stichtagen), die wesentlichen Angaben zum Geschäftsgang kennen. Dies sind vor allem der Gewinn oder Verlust, die Entwicklung des Cashflows und der Umfang des zukünftigen Kapitalbedarfs. Im theoretischen Exkurs „Grundlagen der Finanzrechnung" ab Seite 128 finden Sie das nötige Grundwissen zur Finanzrechnung. Dem betriebswirtschaftlich nicht vorgebildeten Leser wird empfohlen, diese Passagen vorab zu studieren.

Im Businessplan werden Aussagen zur künftigen finanziellen Entwicklung erwartet, untermauert mit einem groben Finanzplan. Eine ausgeklügelte Finanzrechnung ist nicht notwendig, da Voraussagen von Natur aus ungenau sind, bei einer neuen Firma um so mehr. Der professionelle Investor legt Wert auf wenige, gut durchdachte Kennzahlen. Auf die folgenden Fragen muss Ihr Businessplan auf jeden Fall Antwort geben:
- ◆ Wieviel Geld braucht das Unternehmen über welchen Zeitraum?
- ◆ Wieviel Gewinn wird das etablierte Unternehmen voraussichtlich erzielen?
- ◆ Auf welchen Annahmen bauen die Voraussagen im wesentlichen auf?

Investoren werden sich anhand dieser Informationen ein Bild darüber machen, inwieweit die Zahlen realistisch und plausibel sind. Davon wird auch abhängen, ob das Vorhaben als finanziell attraktiv erachtet wird und Bereitschaft besteht, das Risiko einer Investition einzugehen.

Minimalanforderung an die Finanzplanung im Businessplan sind:
- ◆ Cashflow-Rechnung, Gewinn- und Verlustrechnung, Bilanz
- ◆ Voraussagen über 3 bis 5 Jahre, mindestens ein Jahr über den Break-even, d.h. Erreichen eines positiven Cashflows, hinaus
- ◆ Die ersten zwei Jahre quartalsweise aufgeteilt, danach jährlich
- ◆ Sämtliche Zahlen mit Annahmen unterlegt (im Businessplan sind nur die wichtigsten auszuweisen).

## FINANZIERUNGSQUELLEN FÜR NEUE UNTERNEHMEN

Wenn Sie einmal wissen, wieviel Kapital Sie für Ihr Unternehmen benötigen, stellt sich die Frage nach der Beschaffung. Meist werden die berechneten Mittel nicht alle auf einmal benötigt, sondern sie verteilen sich über die verschiedenen Entwicklungsstadien des Unternehmens. Die Abbildung zeigt, welche Art von Kapital in den verschiedenen Stadien üblicherweise verfügbar ist.

In der Regel stehen den Unternehmen eine Vielzahl von Finanzierungsquellen offen. Grundsätzlich wird zwischen Eigenkapital (Mittel der Eigentümer) und Fremdkapital unterschieden. Fremdkapitalgeber verlangen häufig, dass ihr Geld in irgendeiner Form abgesichert wird, z.B. über eine Hypothek. Zusätzlich verlangen die Kapitalgeber meist, dass bestimmte Buchhaltungskennzahlen sich in einem festgelegten Rahmen bewegen, damit der Kredit nicht zurückgezogen wird.

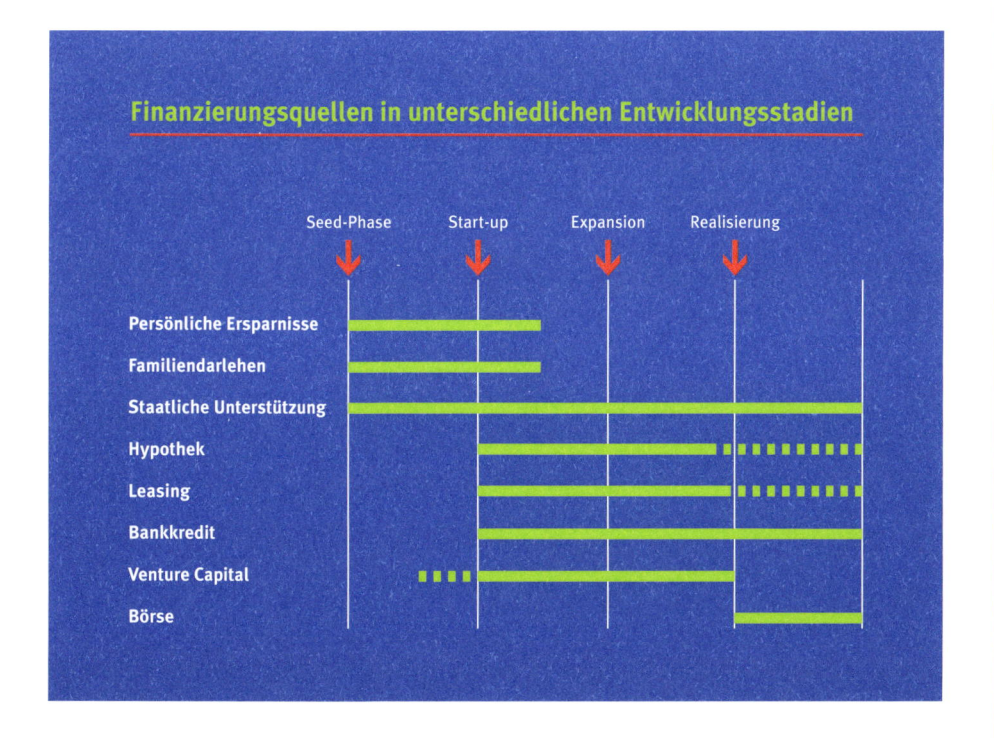

### Finanzierungsquellen in unterschiedlichen Entwicklungsstadien

| Finanzierungsquelle | Seed-Phase | Start-up | Expansion | Realisierung |
|---|---|---|---|---|
| Persönliche Ersparnisse | ■ | ■ | | |
| Familiendarlehen | ■ | ■ | | |
| Staatliche Unterstützung | ■ | ■ | ■ | ■ |
| Hypothek | | | ■ | ░ |
| Leasing | | | ■ | ░ |
| Bankkredit | | | ■ | ■ |
| Venture Capital | | ░ | | |
| Börse | | | | ■ |

### Die wichtigsten Finanzierungsquellen

Fremdkapitalquellen
- Familiendarlehen (Kredit von nahestehenden Personen zu meist besonders günstigen Bedingungen)
- Staatliche Unterstützung, z.B. Forschungs- oder Arbeitsbeschaffungsprogramme
- Hypotheken
- Leasing (Kaufmiete)
- Bankkredite

Eigenkapitalquellen
- Eigene Ersparnisse
- Venture Capital, professionelle Risikogesellschaften oder private Investoren
- Zuwendungen etablierter Firmen, z.B. aus Forschungskooperationen
- Börse (über Initial Public Offering, IPO)

## *Familiendarlehen*

- Eignung: zur Beschaffung von „seed money"
- Voraussetzungen: Familienmitglieder/Freunde mit liquiden Mitteln und Risikobereitschaft
- Vorteile: einfacher, formloser Prozess, teilweise äusserst günstige Konditionen, direkte persönliche Beziehung zum Darlehensgeber, steuerlich abzugsfähige Zinszahlungen
- Nachteile: Darlehenshöhe meist beschränkt, Risiken werden auf Familienmitglieder/Freunde abgewälzt, unter Umständen übergebührliche Einmischung des Darlehensgebers aufgrund persönlicher Beziehung

### *Staatliche Unterstützung*
- Eignung: in allen Gründungs- und Entwicklungsphasen des Unternehmens
- Voraussetzungen: gute Kenntnis der Möglichkeiten, Erfüllung der Bedingungen
- Vorteile: meist sehr günstige Konditionen (zinslose Darlehen, à fonds perdu, lange Rückzahlungsfristen)
- Nachteile: manchmal bürokratischer Prozess, lange Wartezeiten, Rapportierungsauflagen

### *Hypotheken*
- Eignung: zur Finanzierung von Betriebsgrundstücken und -gebäuden und für langfristige Investitionen in Betriebsmittel (Maschinen etc.)
- Voraussetzungen: belehnbares Grundstück oder Gebäude
- Vorteile: langfristige, gut kalkulierbare und relativ günstige Konditionen, keine Verwässerung der Eigentumsrechte am Unternehmen, steuerlicher Abzug der Zinszahlungen, niedrige Rückzahlungsraten über langen Zeitraum
- Nachteile: vollständige Finanzierung der belehnten Objekte in der Regel nicht möglich

### *Leasing* (Kaufmiete)
- Eignung: zur Finanzierung von Maschinen, Geräten, Fahrzeugen usw.
- Voraussetzungen: Leasing-Gegenstand muss leicht weiter veräusserbar sein – keine Spezialmaschinen
- Vorteile: vollständige Finanzierung der Objekte, keine Verwässerung der Eigentumsrechte am Unternehmen, steuerlich abzugsfähige Zinszahlungen, teilweise Flexibilität zum Tausch/zur Rückgabe bei geänderten Bedürfnissen an Vermögensgegenstand (z.B. leistungsfähigere Maschine erforderlich etc.)
- Nachteile: limitiert auf Lebensdauer der geleasten Vermögensgegenstände, höhere Zinsen gegenüber anderen Finanzierungsmöglichkeiten, teilweise Ablösungszahlung am Ende der Leasingdauer

### Bankkredite
- Eignung: ab Start-up zur Beschaffung von kurzfristigem Betriebskapital
- Voraussetzungen: gesichert durch Debitoren (ausstehende Zahlungen der Kunden) oder Lagerbestände
- Vorteile: sehr flexibel, den jeweiligen, auch saisonalen Bedürfnissen anpassbar, keine Verwässerung der Eigentumsrechte am Unternehmen, steuerlicher Abzug der Zinszahlungen
- Nachteile: Sicherheiten erforderlich, eingeschränkte Handlungsfreiheit durch Minimalanforderungen an Zahlungsfähigkeit des Unternehmens

### Venture Capital
- Eignung: Ab Start-up bis zur Realisierung
- Voraussetzungen: fundierter Businessplan vorhanden, Geschäft mit hohen Wachstumszielen, vollständiger Ausstieg der Investoren bei Realisierung muss möglich sein
- Vorteile: hohe Erwartungshaltung, Beratung und aktive Unterstützung des Managements, hilft bei der Realisierung, keine laufenden Kosten (Zinsen, Darlehensrückzahlungen)
- Nachteile: schwierig und nur unter grossem Zeitaufwand zu erhalten, starke Verwässerung der Eigentumsrechte, Verlust der Kontrolle über das Unternehmen bei Nichterreichen der Zielvorgaben möglich

### Private Investoren („Business Angels")
- Eignung: vor allem für Seed-Phase und Start-up
- Voraussetzungen: je nach Investor wie Familiendarlehen oder Venture Capital
- Vorteile: meist bessere Konditionen als professionelle Venture Capitalists
- Nachteile: meist weniger Zeit und Energie, um dem Unternehmerteam in Schwierigkeiten unter die Arme zu greifen

## BERECHNUNG DER RENDITE FÜR DIE KAPITALGEBER

Investoren beurteilen den Erfolg einer Investition anhand der Rendite, die sie mit dem eingesetzten Kapital erzielen werden. Die zu erwartende Rendite sollte deshalb im Businessplan auf einen Blick ersichtlich sein.

Im Fallbeispiel CityScape investieren Kapitalgeber in den ersten drei Jahren insgesamt 4,7 Millionen Franken (1,7 Mio., 2 Mio. und 1 Mio.). Nach 5 Jahren wird beim Börsengang ein realisierter Erlös von 48 Millionen Franken erwartet. Wie hoch ist in diesem Fall die Rendite?

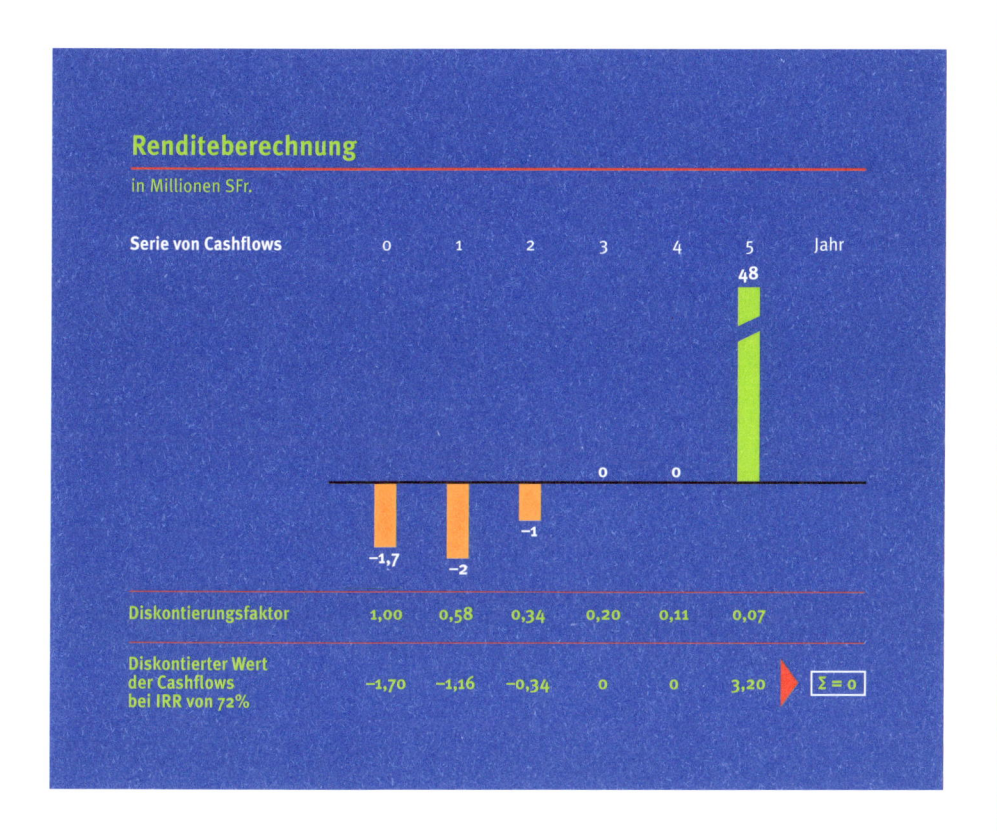

**Renditeberechnung**
in Millionen SFr.

| Serie von Cashflows | 0 | 1 | 2 | 3 | 4 | 5 | Jahr |
|---|---|---|---|---|---|---|---|
|  |  |  |  |  |  | 48 |  |
|  | −1,7 | −2 | −1 | 0 | 0 |  |  |
| Diskontierungsfaktor | 1,00 | 0,58 | 0,34 | 0,20 | 0,11 | 0,07 |  |
| Diskontierter Wert der Cashflows bei IRR von 72% | −1,70 | −1,16 | −0,34 | 0 | 0 | 3,20 | Σ = 0 |

**Investors feel a lot better about the risk if the venture's endgame is discussed upfront.**

*William A. Sahlmann*

Aus Sicht der Investoren sind alle Gelder, die in die neue Firma gesteckt werden, zuerst einmal negative Cashflows. Nach dem Breakeven wird die Firma ihre positiven Cashflows nicht gleich als Dividende auszahlen, sondern damit vorerst ihre Bilanz stärken. Die Investoren erhalten erst bei der Realisierung einen Cashflow. Weil die Cashflows in verschiedenen Jahren erfolgen, müssen sie diskontiert, d.h., auf den heutigen Stand zurückgerechnet werden (Zins- und Zinseszins-Effekt). Näheres zum Thema Diskontierung finden Sie ab Seite 185.

Hinter dem Diskontieren, das auch beim Bestimmen des Unternehmenswertes relevant ist, steckt folgende Überlegung: Stellen Sie sich vor, eine Tante will Ihnen 1'000 DM schenken und lässt Ihnen die Wahl, den Betrag heute oder erst nach zwei Jahren zu bekommen. Wie werden Sie entscheiden? Als Unternehmer werden Sie die 1'000 DM heute nehmen und investieren. Denn bei einem Zins von z.B. 3% p.a. haben Sie nach einem Jahr ein Vermögen von 1'030 DM und im zweiten Jahr bereits 1'061 DM. Beim Diskontieren gehen Sie den umgekehrten Weg: Sie rechnen den Betrag zurück, indem Sie die 1'000 DM mit dem Kehrwert – dem sogenannten Diskontierungsfaktor – multiplizieren. Bezogen auf heute stehen beim hier angenommenen Anlagehorizont von zwei Jahren also 1'000 DM oder 943 DM zur Wahl.

Für die Berechnung der Rendite ist die Messgrösse die Internal Rate of Return (IRR), zu deutsch Interne Verzinsung. Die IRR ist derjenige Diskontsatz, bei dem die Summe aller positiven und negativen Cashflows, diskontiert auf den heutigen Tag, null ergibt. Im Beispiel beträgt die IRR für das Projekt CityScape 72%, d.h., die Investoren erhalten für das eingesetzte Kapital eine jährliche Rendite von 72%. Angesichts der Risiken ist dieser Wert eine übliche Rendite-Erwartung.

Zur Berechnung der IRR ist auf den meisten Taschenrechnern und in Tabellenkalkulationsprogrammen eine spezielle IRR-Funktion vorgesehen (z.B. in Excel: Funktion IRR()). Die Berechnung kann auch iterativ von Hand erfolgen.

## EXKURS: GRUNDLAGEN DER FINANZRECHNUNG

Eine Finanzrechnung besteht aus drei Elementen: Erfolgsrechnung (Gewinn- und Verlustrechnung), Bilanz und Cashflow-Rechnung. Die Erfolgsrechnung zeigt den wirtschaftlichen Erfolg während einer Periode, z.B. während eines Jahres. Die Bilanz ist das Abbild der Vermögens- und Finanzlage des Unternehmens an einem Stichtag, z.B. Ende Jahr. Die wichtigste Rechnung für die Planung und Gründung einer neuen Unternehmung ist die Cashflow-Rechnung. Sie zeigt dem Unternehmer und seinen Investoren, welche flüssigen Mittel vom Unternehmen in einer Periode verbraucht bzw. freigesetzt werden.

Die folgenden Ausführungen zur Finanzrechnung richten sich vor allem an den betriebswirtschaftlich nicht vorgebildeten Leser. Sie sollen das Verständnis dieser komplexen Materie erleichtern und die Grundlagen zu jenen Aspekten der Finanzplanung liefern, die in einem professionellen Businessplan zu berücksichtigen sind. Die angeführten Beispiele sind deshalb vereinfacht; die verwendeten Begriffe sind nach praktischen, nicht nach wissenschaftlichen oder rechtlichen Kriterien definiert. Die Darstellungen entsprechen somit nicht in allen Belangen den gesetzlichen Anforderungen, die beispielsweise ein operativ tätiges Unternehmen beim Jahresabschluss erfüllen muss.

### DIE ERFOLGSRECHNUNG *(profit and loss statement)*

Die Erfolgsrechnung listet Erträge und Aufwendungen eines Unternehmens auf. Die Erfolgsrechnung dient einem doppelten Zweck: Zum einen zeigt sie das Endergebnis – den Gewinn oder Verlust – der Geschäftstätigkeit einer Periode auf, zum andern zeigt sie auf, aus welchen Komponenten sich der Erfolg des Unternehmens zusammensetzt und wie sich die Komponenten zueinander verhalten. Beispielsweise lässt sie erkennen, wieviel Prozent der Personalaufwand beträgt oder welcher Anteil des Umsatzes für den Materialeinkauf aufgewendet wird.

## Beispiel einer einfachen Erfolgsrechnung — *Muster AG*

| | | |
|---|---|---:|
| **Ertrag** | | 1.1. – 31.12.98 |
| | Umsatz aus verkauften Produkten/Dienstleistungen | **1'350** |
| **Aufwand** | | |
| | Waren- und Materialaufwand | 480 |
| | Personalaufwand | 390 |
| | Mieten | 20 |
| | Abschreibungen | 50 |
| | Unterhalt und Reparaturen | 2 |
| | Übriger Aufwand | 3 |
| = **Operativer Erfolg (Betriebsergebnis)** | | **405** |
| | Zinsaufwand | 70 |
| | Steuern | 115 |
| = **Nettoerfolg** (Jahresüberschuss) | | **220** |

### Erläuterungen zu den Posten der Erfolgsrechnung:

*Ertrag (revenue)*
Zum Umsatz zählen sämtliche Erlöse, die aus dem Verkauf von Produkten oder Dienstleistungen entstehen.

*Waren- und Materialaufwand (cost of materials)*
Alle Kosten, die durch den Verbrauch von Materialien entstehen, werden unter diesem Posten erfasst. Dazu gehören beispielsweise die verwendeten Rohstoffe und eingekauften Fertigteile, aber auch sämtliche Hilfsmaterialien für die Produktion wie Klebstoffe, Schmiermittel, Wartungsmaterial usw.

### Personalaufwand *(personnel expenses)*

Dazu gehören sämtliche Ausgaben, die mit den Lohnzahlungen an die Mitarbeiter zusammenhängen: Löhne, Zahlungen an Sozialversicherungen, Pensionskasse, aber auch Unterstützungszahlungen an die Kantine oder Unterhalt eines betriebseigenen Kinderhorts.

### Mieten *(rent and lease)*

Mietaufwand für Gebäude, Einrichtungen, Fahrzeuge, Maschinen usw.

### Abschreibungen *(depreciation)*

Abschreibungen sind keine Ausgaben im eigentlichen Sinne, sondern periodisierte Wertverminderungen der Anlagen der Unternehmung, die als Aufwand verbucht werden. Ein Beispiel: Eine Firma kauft einen Gebrauchtwagen für 5'000 SFr./DM. Der Wagen kann während 5 Jahren benützt werden und hat danach einen Restwert null. In die Erfolgsrechnung gehen die jährlichen Abschreibungen von 1'000 SFr./DM ein, nicht jedoch die Anfangsinvestition. Diese wird mit Cash bezahlt und fliesst in die Cashflow-Rechnung des ersten Jahres ein. Die jährlichen Abschreibungen haben dagegen keinen Einfluss auf den Cashflow.

### Unterhalt und Reparaturen *(maintenance cost)*

Reparaturen und Unterhaltsarbeiten, die für den normalen Betrieb der Anlagen und Gebäude nötig sind.

### Übriger Aufwand *(other costs)*

Erträge und Aufwendungen, die keinen direkten Zusammenhang mit der eigentlichen Geschäftstätigkeit der Unternehmung haben, werden hier verbucht. Darunter fallen beispielsweise Spenden an lokale Vereine.

### Zinsaufwand *(interest expenses)*

Sämtliche Schuldzinsen für Darlehen, Bankschulden usw.

### Steuern *(taxes)*

Unternehmen werden auf den Gewinn nach Zinsen besteuert. In der Schweiz beträgt die gesamte Steuerlast (Gemeinde, Kanton und Bund) ca. 30%, in Deutschland maximal ca. 50–60%.

## Struktur der Erfolgsrechnung in ausgewählten Branchen (in %)
Beispiel Schweiz*

| | Nahrungsmittel | Forschung & Entwicklung | Beratung, Planung, Kommerz. Dienste, Informatik | Vermietung, Leasing | Elektrotechnik, Elektronik, Feinmechanik, Optik | Maschinen- & Fahrzeugbau | Chemische Erzeugnisse | Grafische Erzeugnisse, Verlage | Textilien |
|---|---|---|---|---|---|---|---|---|---|
| **Ertrag** | 100 | 100 | 100 | 100 | 100 | 100 | 100 | 100 | 100 |
| Umsatz | 96 | 99 | 92 | 89 | 94 | 92 | 89 | 94 | 94 |
| Übriger Betriebsertrag | 2 | 0 | 4 | 7 | 3 | 3 | 7 | 2 | 2 |
| Neutraler und a.o. Ertrag | 2 | 1 | 4 | 4 | 3 | 5 | 4 | 4 | 4 |
| **Aufwand** | 99 | 97 | 93 | 101 | 97 | 95 | 93 | 98 | 100 |
| Waren- und Materialaufwand | 62 | 1 | – | – | 44 | 41 | 41 | 32 | 43 |
| Personalaufwand | 14 | 31 | 38 | 16 | 24 | 27 | 17 | 32 | 28 |
| Sozialaufwand | 3 | 8 | 7 | 3 | 4 | 4 | 3 | 5 | 4 |
| Raummiete | 1 | 2 | 3 | 2 | 1 | 1 | 0 | 1 | 0 |
| Abschreibungen auf Sachanlagen | 4 | 5 | 5 | 7 | 3 | 3 | 4 | 5 | 4 |
| Übrige Abschreibungen | 0 | 0 | 1 | 0 | 1 | 1 | 3 | 2 | 1 |
| Vorbehalt und Reparaturen | 2 | 2 | 1 | 2 | 2 | 2 | 2 | 2 | 3 |
| Übriger Aufwand | 12 | 48 | 37 | 32 | 17 | 15 | 21 | 17 | 15 |
| Zinsaufwand | 1 | 0 | 1 | 39 | 1 | 1 | 2 | 2 | 2 |
| **Reingewinn (Jahresüberschuss)** | 1 | 3 | 7 | –1 | 3 | 5 | 7 | 2 | 0 |

*Für Deutschland gelten ähnliche Grössenordnungen mit Abweichungen vor allem beim Sozialaufwand (rund 100% höher) und bei den Steuern (ca. 70–100% höher; hier in „Übrigem Aufwand" enthalten); die prozentualen Zusammensetzungen ändern sich aber generell auch von Jahr zu Jahr.

Quelle: Produktions- und Wertschöpfungsstatistik 1994/95, Bern

*Nettoerfolg oder Reingewinn/Reinverlust* (net income/net loss)
Der Gewinn oder Verlust entsteht durch die Gegenüberstellung der Erträge und Aufwendungen in einer Rechnungsperiode. Neben dem Cashflow ist der Gewinn oder Verlust eine der wichtigsten Messgrössen des Unternehmenserfolgs.

Die Grösse der einzelnen Posten der Erfolgsrechnung ist von der Tätigkeit des Unternehmens abhängig. Die Tabelle auf Seite 131 zeigt die typische Struktur der Erfolgsrechnung in neun ausgewählten Branchen. Bei den Beispielen handelt es sich um etablierte Unternehmen. Bei Neugründungen muss der Reingewinn mittelfristig bedeutend höher liegen (20–50%), um die anfänglich deutlich negativen Ergebnisse zu kompensieren. Dies schliesst nicht aus, dass der Reingewinn in der Anfangsphase negativ sein kann.

## DIE BILANZ (balance sheet)

Die Bilanz stellt an einem Stichtag Vermögen (assets) und Kapital (liabilities and equity) der Firma einander gegenüber. Sie gibt Aufschluss darüber, wo das Kapital eines Unternehmens herkommt und wie es investiert wurde.

### Erläuterungen zu den Posten der Bilanz:

*Umlaufvermögen* (current assets)
Darunter fallen Vermögenswerte, die kurzfristig verfügbar sind, zum Beispiel flüssige Mittel wie Kassa-, Bank- und Postbestände, Debitoren (offene Rechnungen der Kunden) und die Lagerbestände und Vorräte an Rohstoffen und Fertigteilen.

*Anlagevermögen, Sachvermögen* (fixed assets)
Anlagevermögen setzt sich grob aus Sachanlagen und immateriellen Vermögensgegenständen zusammen und kann in der Regel nicht kurzfristig veräussert werden. Sachanlagen sind Anlagen in Sachgegenstände wie beispielsweise Maschinen, Fahrzeuge und Computer (Mobilien) sowie Grundstücke oder Gebäude (Immobilien). Immaterielle Vermögensgegenstände sind z.B. Patente und Lizenzen.

# Beispiel einer einfachen Bilanz          *Muster AG*

**Vermögen** (Aktiven)

|  | 31.12.97 | 31.12.98 |
|---|---|---|
| *Umlaufvermögen* | | |
| Flüssige Mittel | 20 | 270 |
| Forderungen (Debitoren) | 30 | 35 |
| Vorräte und Lager | 50 | 55 |
| *Anlagevermögen* | | |
| Sachanlagen | 300 | 320 |
| Immaterielle Vermögensgegenstände | 50 | 50 |
| **Bilanzsumme** | **450** | **730** |

**Kapital** (Passiven)

|  | 31.12.97 | 31.12.98 |
|---|---|---|
| *Kurzfristiges Fremdkapital* | | |
| Verbindlichkeiten (Kreditoren) | 25 | 35 |
| Betriebsmittelkredit | 25 | 25 |
| *Langfristiges Fremdkapital* | | |
| Darlehen | 200 | 200 |
| Hypotheken | 100 | 120 |
| *Eigenkapital* | | |
| Aktienkapital (Grundkapital) | 90 | 90 |
| Reserven (Rücklagen) | 5 | 5 |
| Gewinn/Verlust-Vortrag | 5 | 255 |
| **Bilanzsumme** | **450** | **730** |

# Bilanzstruktur ausgewählter Branchen (in %)

Beispiel Schweiz*

| | Chemische Erzeugnisse | Maschinen- & Fahrzeugbau | Elektrotechnik, Elektronik Feinmechanik, Optik | Forschung & Entwicklung | Vermietung & Leasing | Beratung, Planung, Kommerz. Dienste, Informatik | Grafische Erzeugnisse, Verlage |
|---|---|---|---|---|---|---|---|
| **Aktiven** | | | | | | | |
| Umlaufvermögen | 47 | 72 | 67 | 62 | 74 | 64 | 36 |
|     Flüssige Mittel | 17 | 20 | 18 | 4 | 3 | 21 | 10 |
|     Debitoren | 19 | 32 | 30 | 57 | 22 | 37 | 20 |
|     Vorräte und übriges Umlaufvermögen | 11 | 20 | 19 | 1 | 49 | 6 | 6 |
| Anlagevermögen | 53 | 28 | 33 | 38 | 26 | 36 | 64 |
|     Sachanlagen | 16 | 17 | 17 | 33 | 4 | 25 | 42 |
|     Übriges Anlagevermögen | 37 | 11 | 16 | 5 | 22 | 11 | 22 |
| **Passiven** | | | | | | | |
| Kurzfristiges Fremdkapital | 49 | 44 | 47 | 29 | 13 | 48 | 31 |
|     Kreditoren | 29 | 30 | 28 | 22 | 5 | 30 | 15 |
|     Übrige kurzfristige Schulden | 20 | 14 | 19 | 7 | 8 | 18 | 16 |
| Langfristiges Fremdkapital | 11 | 27 | 29 | 21 | 79 | 21 | 40 |
|     Hypotheken | 2 | 8 | 5 | 1 | 2 | 9 | 20 |
|     Übriges langfristiges Fremdkapital | 9 | 19 | 24 | 20 | 77 | 12 | 20 |
| Eigenkapital | 40 | 29 | 24 | 50 | 8 | 31 | 29 |

*Für Deutschland gelten ähnliche Bilanzstrukturen, zum Teil werden aber andere Begriffe verwendet (siehe Erläuterungen S. 132 ff.); die prozentuale Zusammensetzung ändert sich von Jahr zu Jahr.

Quelle: Produktions- und Wertschöpfungsstatistik 1994/95, Bern

### *Kurzfristiges Fremdkapital (current debt)*

Verbindlichkeiten, die innerhalb eines Jahres bezahlt werden müssen, gelten als kurzfristig. Kreditoren sind offene Rechnungen der Lieferanten. Betriebskredite sind kurzfristige Schulden zur Abwicklung des Tagesgeschäfts (z.B. Kontokorrentkredit).

### *Langfristiges Fremdkapital (long-term debt)*

Hypotheken und Bankdarlehen sind nur zwei Beispiele von Fremdkapitalformen. Das Angebot ist umfassend, und je nach Unternehmungsgrösse kommen unterschiedliche Finanzierungsformen in Frage.

### *Eigenkapital (equity)*

Eigenkapital ist das von den Eigentümern zur Verfügung gestellte Kapital, zuzüglich Reserven (Rücklagen) und jährlicher Gewinn- und Verlustvorträge (retained earnings, accumulated losses). Das Eigenkapital wird in der Anfangsphase eines Geschäftes für den Aufbau verwendet werden. Nicht selten wird das Eigenkapital via Verlustvorträge beinahe aufgebraucht, bevor sich die Ertragslage der Firma derart verbessert, dass Eigenkapital über Gewinnvorträge wieder aufgebaut wird.

Ein Finanzierungsgrundsatz besagt, dass langfristiges Vermögen mit langfristigem Kapital und kurzfristiges mit kurzfristigem Kapital finanziert werden soll. Damit wird gewährleistet, dass für langfristige Anlagen wie beispielsweise eine Produktionsmaschine nach Ablauf einer kurzfristigen Anleihe nicht plötzlich neues Kapital beschafft werden muss.

Die Struktur des Vermögens ist von der Tätigkeit der Firma abhängig. Eine Maschinenfabrik beispielsweise muss bedeutend mehr Geld in Mobilien und Immobilien investieren als eine Unternehmensberatungsfirma. Ähnliches gilt für die Kapitalstruktur. In gewissen Branchen sind hohe Eigenkapitalanteile üblicher als in anderen. Grundsätzlich gelangen Unternehmen mit solidem Eigenkapitalanteil einfacher zu zusätzlichem Kapital. Start-ups werden kaum ungesicherte Bankkredite erhalten. Die Tabelle links zeigt den Eigenkapitalanteil von sieben ausgewählten Branchen; die Kennzahlen beziehen sich auf etablierte Unternehmen. Normalerweise werden Start-ups mit sehr hohen Eigenkapitalquoten ausgestattet.

## DER CASHFLOW AUS OPERATIVER TÄTIGKEIT

Der Cashflow ist der Massstab für die wahre Ertragskraft eines Unternehmens. Er lässt sich direkt anhand der Cash-Eingänge und -Ausgänge berechnen oder indirekt anhand der Bilanz und Erfolgsrechnung herleiten.

Der Cashflow gibt an, ob sich aus der unternehmerischen Tätigkeit ein Geldbedarf oder ein Geldüberschuss ergibt. Gerade in der Aufbauphase eines Unternehmens wird es mehrere Perioden geben, in denen der Cashflow negativ ist. Die Summe dieser Geldabflüsse ergibt den Finanzierungsbedarf des Unternehmens.

### Direkte Berechnung des Cashflows

Die nebenstehende Grafik zeigt, wie der Cashflow anhand der Cash-Eingänge und -Ausgänge direkt ermittelt wird. Die einzelnen Posten dieser Rechnung wurden im Abschnitt „Erfolgsrechnung" genauer erläutert. Beachten Sie zusätzlich folgendes:

*Verkaufserlöse*

Wichtig ist der tatsächlich erzielte Geldeingang. Es zählen nicht ausgestellte Rechnungen oder gar bestätigte Aufträge, sondern einzig bezahlte Rechnungen der Kunden.

*Kosten*

Auch hier wird nur der tatsächliche Geldabfluss aufgeführt. Der zeitliche Abstand zwischen Produktion (Cash-Kosten) und Zahlungseingang (Cash-Einnahmen) führt zum sogenannten Umlaufvermögen (working capital) und einem Finanzierungsbedarf. Wenn also ein Kunde eine Maschine bestellt, dann muss die Firma Cash ausgeben für deren Herstellung, zum Beispiel für Rohmaterialien, Fertigbauteile, Arbeitsstunden, Transportkosten usw. Dieser Cash-Abfluss wird erst durch den Zahlungseingang ausgeglichen und muss in der Zwischenzeit (z.B. durch Lieferantenkredite) finanziert werden.

## Illustration direkte Berechnung des Cashflows

| Monat | 1 | 2 | 3 | 4 | 5 | 6 | 7 |
|---|---|---|---|---|---|---|---|
| **Verkaufserlöse** | | | | | | | |
| Bestellungseingänge/Abschlüsse | | 100 | 150 | 80 | 210 | 130 | 120 |
| Fakturierung (=Erträge=Umsatz) | | | | 100 | 150 | 80 | 210 |
| Geldeingänge (=Einnahmen) | | | | | | | 100 |
| **Kosten (=Ausgaben)** | | | | | | | |
| Wareneinkauf | 10 | 30 | 50 | 40 | 140 | 60 | 70 |
| Personal inkl. Sozialleistungen | 50 | 50 | 50 | 50 | 50 | 50 | 50 |
| Werbung | 20 | 20 | 50 | 40 | 30 | 20 | 20 |
| Bezahlte Mieten | 10 | 10 | 10 | 10 | 10 | 10 | 10 |
| Sonstiges | 10 | 10 | 10 | 10 | 10 | 10 | 10 |
| Steuern | 0 | 0 | 0 | 0 | 0 | 0 | 0 |
| Zinsen | 2 | 2 | 2 | 2 | 2 | 2 | 2 |
| **Summe der Ausgaben** | 102 | 122 | 172 | 152 | 242 | 152 | 162 |
| **Cashflow** | −102 | −122 | −172 | −152 | −242 | −152 | −62 |
| Abschreibungen* | −40 | −40 | −40 | −40 | −40 | −40 | −40 |
| **Ergebnis (Gewinn/Verlust)** | −142 | −162 | −212 | −192 | −282 | −192 | −102 |
| **Investitionen (=Ausgaben)** | | | | | | | |
| Infrastruktur/Anlagen | 500 | 500 | 300 | 140 | | | |
| **Liquidität** | | | | | | | |
| Geldabfluss (−), Geldzufluss (+) | −602 | −622 | −472 | −292 | −242 | −152 | −62 |
| **Liquiditätsstand (kum.)** | −602 | −1'224 | −1'696 | −1'988 | −2'230 | −2'382 | −2'444 |

\* Keine liquiditätswirksamen Ausgaben

Bei einem wachsenden Unternehmen wird das Nettoumlaufvermögen laufend zunehmen: Die Lager werden grösser, mehr Produkte werden an die Kunden ausgeliefert, bevor die Zahlungen eingehen und so weiter. So ist es möglich, dass wachsende Firmen trotz Gewinnen einen negativen Cashflow ausweisen, der finanziert werden muss.

Zum operativen Cashflow hinzu kommen Investitionen, die für die zukünftige Geschäftstätigkeit notwendig sind. Investitionen wirken sich sofort auf die Cash-Position aus (es sei denn, sie werden über Leasing oder Lieferantenkredite finanziert), die damit erwirtschafteten Erträge fallen jedoch erst später an. Es entsteht also auch hier ein Finanzierungsbedarf.

Wenn ein Unternehmen genügend operativen Cashflow erwirtschaftet, um die anstehenden Investitionen zu finanzieren, dann ist das Unternehmen „selbstfinanzierend". Etablierte Firmen finanzieren sich in der Regel selbst; Start-ups dagegen müssen ihr Wachstum in der Regel mit firmenexternen Mitteln (Fremd- und Eigenkapital) finanzieren.

### Beispiel indirekte Herleitung des Cashflows — *Muster AG*

| | |
|---|---:|
| Operativer Erfolg (Erfolgsrechnung) | 405 |
| − Steuern auf operativen Erfolg | −115 |
| Operativer Erfolg nach Steuern | 290 |
| + Abschreibungen (Erfolgsrechnung) | +50 |
| − Werterhöhung des Lagers (Bilanz) | −5 |
| + Werterhöhung der Kreditoren (Bilanz) | +10 |
| − Werterhöhung der Debitoren (Bilanz) | −5 |
| + Veräusserung von Anlagen und Immobilien (Bilanz) | 0 |
| − Brutto-Investitionen in Anlagen und Immobilien* | −70 |
| **Operativer Cashflow (Freie Cashflows)** | **270** |
| − Zinsen (Erfolgsrechnung) | −70 |
| **Netto-Cashflow** | **200** |

* Definition siehe Glossar

### Ableitung des Cashflows aus Erfolgsrechnung und Bilanz

Die nebenstehende Tabelle erläutert, wie der Cashflow indirekt aus der Erfolgsrechnung und der Bilanz hergeleitet werden kann.

Bei der indirekten Herleitung des Cashflows gehen Sie vom operativen Erfolg der Erfolgsrechnung nach Steuern aus. In einem ersten Schritt werden jene Ausgaben addiert, die sich nicht auf den Cash auswirken, d.h. nur als Aufwand verrechnet werden (z.B. Abschreibungen). In einem zweiten Schritt werden alle Cash-wirksamen Veränderungen der Bilanz berücksichtigt. Haben zum Beispiel die Lagerbestände zugenommen, dann musste diese Wertvermehrung mit Cash bezahlt werden. Anderseits führt eine Zunahme der Kreditoren zu einem Cash-Zufluss, da Waren und Leistungen zwar bezogen, diese den Lieferanten jedoch noch nicht bezahlt wurden.

---

### Checkliste Finanzierung

*Gibt Ihr Businessplan Antwort auf folgende Fragen?*

❏ Welche Annahmen bestimmen Ihren Finanzplan?

❏ Wie gross ist der Kapitalbedarf des Unternehmens bis zum Breakeven? Wieviel flüssige Mittel (Cash) werden im ungünstigen Fall benötigt?

❏ Über welche Finanzierungsquellen wird das notwendige Kapital beschafft?

❏ Wie lautet Ihr Angebot (Deal) an potentielle Kapitalgeber?

❏ Welche Rendite können die Investoren erwarten?

❏ Wie realisieren die Investoren ihren Gewinn?

It's a funny thing
about life;
if you refuse to
accept anything
but the best,
you very often
get it.

*Somerset Maugham*
*Schriftsteller*

# Businessplan CityScape

# Hinweis zu CityScape

Das Original des folgenden Businessplans wurde 1994 für den US-Markt entwickelt. Er wurde für das Handbuch aktualisiert als Beispiel für einen überschaubaren geographischen Raum in Europa.

Wie bei anderen Internet-Projekten ist in der Zwischenzeit auch im Marktsegment von CityScape ein starker Preisverfall eingetreten. Dies und die extrem kurze Nutzungsdauer der Services zwingen alle Anbieter, ihre Geschäftsstrategie laufend zu überprüfen. Somit sollte für Sie bei diesem Beispiel nicht die inhaltliche Richtigkeit der damaligen Annahmen im Vordergrund stehen, sondern die Struktur und Ausgestaltung der einzelnen Teile des Businessplans. Dennoch finden Sie einige inhaltliche Verbesserungsvorschläge direkt im Anschluss an den Businessplan.

CityScape wurde von den „Erfindern" damals nicht umgesetzt. Inzwischen haben jedoch mehrere Firmen, sowohl Start-ups als auch etablierte Unternehmen, ähnliche Konzepte auf den Markt gebracht:

### Start-ups

| Dienstleistung | Adresse |
| --- | --- |
| CitySearch | www.citysearch.com |
| CityView | www.cityview.com |
| Excite Travel | city.net |
| Lycos City Guide | cityguide.lycos.com |
| Yahoo! Metros | www.yahoo.com |

### Etablierte Unternehmen

| Dienstleistung | Adresse | Betreiber |
| --- | --- | --- |
| City Sites | www.cimedia.com | Cox Enterprises |
| Digital City | www.digitalcity.com | America Online |
| Pacific Bell At Hand | www.athand.com | Pacific Bell |
| Sidewalk | www.sidewalk.com | Microsoft |

EXEMPLAR NR.___VON 10

# CityScape
## Businessplan

**8. Februar 1998**

**VERTRAULICH**

Diese Geschäftsidee ist vertraulich. Ohne vorherige schriftliche Genehmigung der Erfinder von CityScape dürfen weder die Geschäftsidee selbst noch einzelne Informationen aus der Beschreibung reproduziert oder an Dritte weitergegeben werden.

## Inhalt

|     |                                   | Seite |
| --- | --------------------------------- | ----- |
| 1.  | Executive Summary                 | 3     |
| 2.  | Produktidee                       | 5     |
| 3.  | Unternehmerteam                   | 7     |
| 4.  | Marketingplan                     | 8     |
| 5.  | Geschäftssystem und Organisation  | 14    |
| 6.  | Realisierungsfahrplan             | 16    |
| 7.  | Risiken                           | 17    |
| 8.  | Finanzierung                      | 18    |

# 1. Executive Summary

**Unternehmenszweck von CityScape**

CityScape entwickelt und vermarktet eine einfach zu bedienende, interaktive Software für das World Wide Web, die

1. Konsumenteninformationen zu lokalen Firmen, Veranstaltungen, Kinos, Restaurants, Wetter usw. benutzerfreundlich aufbereitet und präsentiert und
2. lokalen Firmen als Träger für ihre Verkaufsangebote und Werbung dient.

**Hintergrund: Rasant wachsender Internet-Markt**

Internet und World Wide Web haben sich als Plattform für den elektronischen Markt etabliert. Die Zahl der Internet-Benutzer nimmt weiterhin rasant zu, und viele Firmen überlegen sich, wie sie die Vorteile dieses neuen Kanals nutzen können. Dank seiner Interaktivität und Multimedia-Möglichkeiten ist das Web ein ideales Instrument für Werbung und Verkauf. Information kann rasch und einfach aktualisiert und kostengünstig verbreitet werden; zudem erhalten Firmen einfach Informationen über Konsumentenpräferenzen. Nach aktuellen Prognosen wird der elektronische Markt bis ins Jahr 2000 von heute 40 Mrd. Franken auf 150 Mrd. Franken zunehmen.

**Problem: Lokalinformation nur mühsam auffindbar**

Die Zahl der Anbieter auf dem World Wide Web (Homepages) und die verfügbare Information nehmen explosionsartig zu. Konkrete Informationen, insbesondere Lokalinformationen, sind heute jedoch nur sehr umständlich und unter grossem Zeitaufwand zu finden; dieses Problem wird sich weiter verstärken. Kleinfirmen haben zudem nicht so einfach Zugang zum Internet und damit zu ihren lokalen Kunden. CityScape bietet eine Lösung für dieses Problem.

**Produkt: Bündelung und „sinnvolle" Aufbereitung von Lokalinformation**

CityScape ist zugleich ein interaktives WWW-Verzeichnis und eine kommerzielle Plattform für kleine und mittlere Unternehmen. CityScape organisiert auf leicht verständliche Weise Alltagsinformationen wie Veranstaltungen, lokale Events, Restaurant-Infos, Adressen, Filmtips, aber auch kommerzielle Information zu (lokalen) Geschäften und deren Angeboten. CityScape dient lokalen Geschäften als Kanal für die Werbung und den Verkauf ihrer Angebote. Dieser Service reicht vom Eintrag einer Kontaktadresse (analog den Gelben Seiten) bis zum Einrichten kompletter interaktiver Verkaufskataloge mit elektronischer Abwicklung von Transaktionen.

**Firma und Unternehmerteam: Erfahrenes und motiviertes Team**

Das Unternehmerteam besteht aus vier Personen mit ausgezeichneter Ausbildung und Erfahrung. Alle stehen voll hinter dem Projekt und sind fest entschlossen, CityScape zum Erfolg zu führen. Das Team verfügt über hervorragende Kenntnisse und Erfahrung in Marketing und Verkauf und über umfassendes Know-how in Finanzen und Technologie. CityScape als Firma konzentriert sich auf Marketing und Verkauf von Internet-Dienstleistungen und auf die Integration unterschiedlicher Internet-Software (z.B. Suchprogramme und Transaktionsabwicklung).

**Geschäftssystem: Konzentration auf eigene Stärken**

Ziel ist, CityScape zum De-facto-Standard für lokales Informationsmanagement und die Abwicklung von Geschäftstransaktionen des lokalen und regionalen Gewerbes zu etablieren. Für alle Endbenutzer (Konsumenten) ist die Nutzung von CityScape generell kostenlos. Wenn in ausreichender Zahl vorhanden, schaffen sie den Anreiz für Gewerbe und Betriebe, gegen eine Gebühr in CityScape präsent zu sein. Die Gebühren teilen sich auf in eine einmalige Installationsgebühr und monatliche Abonnementsgebühren. CityScape ist spezialisiert auf das Marketing und den Verkauf an Endbenutzer und lokale Unternehmen sowie auf die Integration bestehender Internet-Technologien („Search Engines", Transaktionsabwicklung etc.). Der Zugang zum Internet und der Unterhalt der Computer-Infrastruktur werden an lokale Internet-Anbieter fremdvergeben. CityScape wird als erstes in Städten und Regionen mit hoher WWW-Verbreitung eingeführt.

**Finanzierung: 68% IRR für die Investoren der ersten Runde**

Nach den Wachstumsprognosen wird CityScape im fünften Betriebsjahr rund 68 Mio. SFr. Umsatz erzielen, bei einem Nettogewinn nach Steuern von 12% des Umsatzes. CityScape wird dann in rund 100 Städten präsent sein und ca. 90 Mitarbeiter beschäftigen. Die Gründer bringen ein Startkapital von 200'000 SFr. ein. CityScape sucht Investoren, die gute Branchenkenntnis haben und das Team beim Geschäftsaufbau aktiv unterstützen. In einer ersten Finanzierungsrunde bietet CityScape eine Beteiligung von 43% für 1,5 Mio. SFr. an. Nach 12 Monaten werden weitere 2 Mio. SFr., nach weiteren 12–15 Monaten nochmals 1 Mio. SFr. aufgenommen. Ein IPO erscheint nach fünf bis sechs Betriebsjahren möglich. Nach unserer Bewertung der Firma im fünften Jahr beträgt die IRR für die Investoren der ersten Runde 68%.

## 2. Produktidee

### 2.1 Aktuelle Situation – Internet-Trends und Marktkräfte

In den letzten Jahren hat sich das Internet/World Wide Web (WWW) zum Rückgrat des vielbeschriebenen „Information Superhighway" entwickelt. Es wird nicht mehr nur von Regierungsstellen und Universitäten genutzt, sondern ist ein Instrument mit potentiellem Nutzen für Millionen von Konsumenten. Gemäss jüngsten Schätzungen gibt es weltweit rund 60 Millionen Internet-Benutzer; bei jährlichen Wachstumsraten von 30–40% werden es Ende des Jahres 2000 nahezu 200 Millionen sein.

Angesichts dieser Grössenordnungen haben Firmen jeglicher Statur das Internet entdeckt. Bereits gibt es mehr kommerzielle als private Nutzer, und ihre Zahl nimmt schneller zu. „Virtuelle Schaufenster" oder „Elektronische Shopping Center" gehören zum Alltag des WWW. Der Marktumsatz für elektronisches Shopping beträgt bereits 10 Mrd. SFr. pro Jahr. Es wird erwartet, dass der elektronische Einzelhandel bis zum Jahr 2000 auf 100 Mrd. SFr. anwachsen wird. Das Internet ist für Kleinfirmen besonders interessant, da sie dort die gleichen Wettbewerbsbedingungen vorfinden wie Grossunternehmen.

**Informationsmanagement und WWW-Commerce**

Der grosse Nutzen des WWW liegt nicht in der Infrastruktur, sondern in der überwältigenden Fülle von Informationen, die allen Nutzern zugänglich sind. Andererseits macht es die dezentrale Aufbereitung der Information umständlich und zeitraubend, gewünschte Informationen zu finden.

- Viele Benutzer „surfen" zwar gerne im Internet, aber sie empfinden die Suche nach spezifischer Information als sehr frustrierend. Wer zum Beispiel wissen will, wann ein Film im Kino läuft, oder wer einen Tisch in einem lokalen Restaurant buchen möchte, ist heute per Telefon noch schneller.
- Kleinfirmen, die Internet-Benutzer in ihrer Region ansprechen wollen, haben es schwer, die Konsumenten auf ihre Präsenz im Internet aufmerksam zu machen und sie zu veranlassen, ihre Web-Seite zu „besuchen".

Ob das Internet künftig ein kommerziell nutzbarer Distributionskanal sein wird, hängt hauptsächlich davon ab, ob und von wem neue Formen der Informationsaufbereitung und -präsentation geschaffen werden.

Die Realisierung des „Information Superhighway" steht und fällt somit mit dem Management von Informationen, das auf die Unterhaltungs-, Kommunikations- und Informationsbedürfnisse des Normalbürgers ausgerichtet ist. **CityScape bietet eine Lösung für dieses Problem.**

## 2.2 CityScape – Das Produkt

CityScape ist ein WWW-Softwarepaket, das gleichzeitig ein interaktives WWW-Verzeichnis und eine kommerzielle WWW-Plattform für kleine und mittelgrosse Firmen bietet (*Abbildung 14*). Der Nutzen von CityScape liegt in der Aufbereitung und Distribution von Informationen lokaler Firmen in einer Form, die für die Konsumenten schneller und einfacher zugänglich ist als bisherige Informationsangebote.

- CityScape organisiert die von Konsumenten (Endbenutzern) einer Region oder Stadt genutzten Lokalinformationen wie z.B. aktuelle Nachrichten, Veranstaltungskalender, Wetterberichte, Restaurant- und Kino-Information, Adress- und Telefonbuch, vollständige Listen von Firmen und Organisationen. Das Verzeichnis enthält auch einfache Stadtpläne und einfach zu bedienende Suchprogramme.
- CityScape dient lokalen Firmen als Kanal für Werbung und Verkaufsangebote. Möglich ist der Eintrag einer Firmenadresse bis hin zu kompletten, interaktiven Verkaufskatalogen mit elektronischer Transaktionsabwicklung. CityScape unterstützt Kleinfirmen dabei, eine Internet-Seite günstig und einfach zu erstellen, und zwar mit drei Angebotsstufen:

**Basisangebot** – umfasst eine Seite Text und Grafik: zum Beispiel eine kurze Beschreibung der Firma mit Telefonnummer, Adresse, Wegbeschreibung usw.

**Deluxe-Angebot** – umfasst bis zu 10 Seiten Text und Grafik sowie Beratung durch den Internet Presence Provider; monatliche Berichte an die Geschäftsleitung geben Auskunft über die Anzahl „Besucher" der Webseite und ihr demographisches Profil.

**Katalogdienst** – vollständiger Katalog mit Transaktionsabwicklung. Diese umfassende Dienstleistung ermöglicht es den Firmen, Geschäfte über das Internet abzuwickeln. Der Service schliesst umfassende Beratung, regelmässige Berichte an die Firmenleitung und häufige Aktualisierung der Angebote ein.

## 3. Das Unternehmerteam

Das Gründerteam vereint individuelle Stärken der vier Gründerinnen und Gründer zu einem engagierten Unternehmerteam mit einer gemeinsamen Vision.

**Mark Tscharner, Geschäftsleiter und Finanzchef**
Mark war 8 Jahre im Marketing von Novartis tätig und hat erfolgreich eine Verkaufsregion mit 12,5 Mio. Franken Umsatz geleitet. Ende 1997 schloss er sein MBA-Studium am IMD in Lausanne ab; er hat zudem ein Studium als Chemie-Ingenieur an der ETH Zürich abgeschlossen.

**Stefan Fischer, Verkaufsleiter**
Stefan hat ein Betriebswirtschaftsstudium an der HWV Olten abgeschlossen und am Abendtechnikum Winterthur ein Studium in Elektrotechnik absolviert. Als Assistent des Verkaufsleiters eines mittelgrossen Maschinenunternehmens hat er praktische Erfahrung im Verkauf mit einer internationalen Kundschaft gewonnen.

**Jacqueline Chapuis, Entwicklungsleiterin**
Jacqueline ist Assistentin an der ETH Zürich, wo sie ihre Dissertation in Informatik im November 1998 abschliessen wird. Ihre Forschungsgebiete sind Kommunikationssysteme und Computernetzwerke. Während 18 Monaten war sie bei Alcatel als Verfasserin von C++- und Assembler-Software tätig. Jacqueline ist freischaffende Software-Entwicklerin. Sie verfügt zusätzlich über einen Abschluss in Nachrichtentechnik von der ETH Zürich.

**Pia Lauener, Marketingleiterin**
Pia hat ein Diplom in Elektrotechnik der ETH Zürich und studiert zur Zeit Betriebswirtschaft an der Universität St. Gallen. Sie hat bei IBM als Hardware-Designerin für optische Datenkommunikation gearbeitet und bei einer Strategieberatungsfirma Marktforschung betrieben.

**Noch zu besetzende Positionen**
Zur Ergänzung der Fähigkeiten von CityScape wird ein Internet-Spezialist mit Kenntnis der WWW-Technologien (Suchprogramme, Gestaltung von Homepages) benötigt. Zur Abwicklung von Geschäften über CityScape wird raschmöglichst auch ein Mitarbeiter mit technischen Kenntnissen des elektronischen Handels gesucht.

## 4. Marketingplan

### 4.1 Marktgrösse

Potentielle Kunden von CityScape sind kleine und mittelgrosse Firmen, die ihre Produkte und Dienstleistungen heute über herkömmliche Kanäle wie die Gelben Seiten, die Printmedien und das Radio vermarkten. Geographisch wird CityScape in den ersten Jahren in der Schweiz und den angrenzenden Staaten lanciert. Hier gibt es über 5 Millionen Unternehmen mit weniger als 250 Angestellten *(Abbildung 1)*. Als potentielle Kunden kommen alle Branchen (Handel, Baugewerbe, andere Dienstleistungsanbieter) ausser dem Industriesektor in Frage. Unter der Annahme, dass 60% erreichbar sind, verbleiben ca. 2,7 Mio. potentielle Kunden. Unser Ziel ist, innert fünf Jahren 50'000 Kunden zu gewinnen; dies entspricht einer Durchdringung von 2% des Gesamtpotentials.

**CityScape – Marktabschätzung** *Abbildung 1*

**Anzahl kleinere und mittlere private Unternehmen (KMU) bis 250 Beschäftigte,** in Tausend

| Sektor | Schweiz | Deutschland | Österreich | Frankreich | Italien | Total | Anteil |
|---|---|---|---|---|---|---|---|
| Industrie | 50 | 225 | 8 | 143 | 539 | 965 | 18% |
| Baugewerbe | 36 | 176 | 4 | 145 | 334 | 695 | 13% |
| Handel | 141 | 664 | 20 | 373 | 1'512 | 2'710 | 49% |
| Sonstige Dienstleistungen | 58 | 355 | 8 | 157 | 526 | 1'104 | 20% |
| Alle Sektoren | 285 | 1'420 | 40 | 818 | 2'911 | 5'474 | 100% |

**Wachstumsziel von CityScape in den ersten fünf Jahren:**
**50'000 Kunden, entspricht 1,8% des Gesamtpotentials**

**Annahmen für CityScape**
- Sektoren: alle ausser Industrie
- 40% aller Unternehmen nicht in Stadtgebieten/Agglomerationen, d.h. nicht erreichbar oder relevant

**Potential für CityScape** (Tausend Kunden)

| Schweiz | Deutschland | Österreich | Frankreich | Italien | Total |
|---|---|---|---|---|---|
| 141 | 717 | 19 | 405 | 1'423 | 2'705 |

**Anzahl Städte und Gemeinden mit über 50'000 Einwohnern**

| | Anzahl Städte | Zehn grösste Städte |
|---|---|---|
| Schweiz | 9 | Zürich, Basel, Genf, Bern, Lausanne, Winterthur, St.Gallen, Luzern, Biel |
| Deutschland | 150 | Berlin, Hamburg, München, Köln, Frankfurt, Essen, Dortmund, Stuttgart, Düsseldorf, Bremen |
| Österreich | 9 | Wien, Graz, Linz, Salzburg, Innsbruck, Klagenfurt, Villach, Wels, St. Pölten |
| Frankreich | 110 | Paris, Lyon, Marseille, Lille, Bordeaux, Toulouse, Nizza, Nantes, Toulon, Grenoble |
| Italien | 140 | Rom, Mailand, Neapel, Turin, Palermo, Genua, Bologna, Florenz, Catania, Bari |
| Total | 418 | |

Zusätzlich zu den Städten können auch Regionen, wie z.B. Tessin, Aargau in der Schweiz, als mögliche Zielorte definiert werden.

**Ziel CityScape: 50 Städte (Regionen) in 5 Jahren**

## 4.2 Kundenbedürfnisse

Einzelhändler wünschen sich einen Vertriebskanal, über den sie kostengünstig möglichst viele Konsumenten erreichen. Dazu müssen die Produkte und Dienstleistungen ansprechend angeboten werden. Der Kanal muss leicht zugänglich und einfach zu nutzen sein, regelmässig auf den neuesten Stand gebracht werden und interaktive Kommunikation ermöglichen.

Um besser zu verstehen, welche Ansprüche die Firmen an einen Vertriebskanal stellen, haben wir mit potentiellen Kunden gesprochen. Die meisten potentiellen Kunden zeigten sich sehr daran interessiert, zu unseren vorgeschlagenen Preisen auf dem Internet präsent zu sein. Wie die Gespräche ergaben, sind für die Kunden die folgenden Bedürfnisse wesentlich, die von unserem Produkt erfüllt werden:

**Spannende Werbung**: interaktive Werbung zu vergleichsweise günstigen Preisen

**Geschäftsabwicklung**: die Möglichkeit, einen Verkauf vom Inserat über die Bestellungsverarbeitung bis zum Zahlungseingang vollständig abzuwickeln

**Informationsrücklauf**: rasche und zuverlässige Rückmeldung von Daten über das Verhalten und die Einkaufsgewohnheiten der Konsumenten

**Marketingunterstützung**: Unterstützung in der Vermarktung der Produkte und Leistungen, da Kleinfirmen meist vollauf mit dem Alltagsgeschäft ausgelastet sind

**Umsatzsteigerung**: Letztlich wird ein Vertriebskanal nur genutzt, wenn er sich positiv auf die Ertragssituation der Firma auswirkt.

CityScape geht gezielt auf diese Kundenbedürfnisse ein. Wir sind deshalb überzeugt, dass es sich für unser Zielkundensegment um ein attraktives Angebot handelt.

## 4.3 Konkurrenzanalyse

CityScape steht in Konkurrenz zu folgenden Anbietern:

**Gelbe Seiten:** Sie sind die Primärquelle für lokale und regionale Information über Geschäfte und Kleinunternehmen. Alle in den Gelben Seiten aufgeführten Firmen zahlen eine Gebühr, abhängig von der Grösse des Auftritts. Anbieter der Gelben Seiten sind zur Zeit nicht in der Lage, die Vorteile des Webs zu nutzen, da sie auf einem anderen Geschäftsmodell basieren, d.h., Daten werden nur unregelmässig aktualisiert, und sie bieten keinerlei Kundenberatung und Service.

**Printmedien:** Zeitungen und Zeitschriften könnten einen Teil der Inserateeinnahmen an das WWW verlieren: Erste Online-Zeitungen sind bereits auf dem Markt. Dennoch erscheint es unwahrscheinlich, dass die Verleger sich in einer neuen Rolle sehen und sich vom Informationsanbieter zum Informationsorganisator wandeln.

**Telecom-Gesellschaften:** Die Telecom-Gesellschaften verfügen physisch über das Leitungsnetz, auf dem das Internet zu den Benutzern gelangt, sie bieten aber auch „Mehrwertdienste" an, zum Beispiel Swisscom mit Blue Window. Der Vorteil von CityScape gegenüber dieser Konkurrenz sind die regionale Ausrichtung und der spezielle Reiz für Tante-Emma-Läden, während Blue Window mit seinen hochstehenden Internet-Diensten primär grosse Firmenkunden im Auge hat.

**Eigene Netzwerke:** Access Provider wie Compuserve, Swiss Online und Microsoft Network bieten gegen monatliche Gebühr eigene Dienstleistungen an, die den Grossteil ihrer Einnahmen ausmachen. Wir sind jedoch überzeugt, dass diese Dienstleistungen keinen Bestand haben, da die Privatkunden nicht dafür bezahlen wollen.

**Internet Presence Provider, Suchprogramme und Verzeichnisse:** Die Internet Presence Provider sind die direkteste Konkurrenz von CityScape, wenn es um das Angebot von Verzeichnissen, Schaufensterplatz, Textdiensten und Transaktionsabwicklung geht. Es gibt Hunderte solcher Gesellschaften. Mit über 130 Firmen haben wir gesprochen oder deren Homepage abgerufen. Unser Fazit: Die meisten Presence Provider stecken noch in den Kinderschuhen und gehen sehr unspezifisch vor. In der Regel haben sie in Europa auch nur eine Handvoll Kunden, und das grösste Problem dürfte sein, Kunden anzuziehen. CityScape will deshalb hier seine Kernkompetenz entwickeln und diese Stärke im Marketing und Verkauf nutzen, um Partnerschaften mit Presence Providern aufzubauen (siehe Kapitel Geschäftssystem).

## 4.4 Wettbewerbsvorteile von CityScape

CityScape verfügt über mehrere haltbare Wettbewerbsvorteile:

**„First Mover"-Vorteil:** Wenn ein Grossteil der Geschäfte einer Stadt auf CityScape präsent ist, wird es für Konkurrenten schwierig, einzelne Geschäfte und Firmen abzuwerben.

**Skaleneffekte in der Werbung:** Es wird für Konkurrenten schwierig sein, die Kosteneffizienz unserer Werbekampagnen zu erreichen – es sei denn, sie können ihre Kosten auf eine grosse Zahl Kunden verteilen. Mit steigender Zahl der Städte, in denen wir präsent sind, können wir mehrere Werbeprogramme gleichzeitig entwickeln und testen und mit diesen Erkenntnissen unsere Werbewirksamkeit laufend weiter steigern.

**Markenname:** Für die Endverbraucher steht unser Name für ein Informationsmedium, das den Menschen aktuell, umfassend und einfach alles Wichtige über ihre Stadt und die dort ansässigen Geschäfte und Firmen liefert. Für die Geschäfte steht unser Name für eine Dienstleistung, die zu vernünftigen Kosten dafür sorgt, dass die lokalen Verbraucher auf ihre Web-Seiten aufmerksam werden und diese für Einkäufe nutzen.

**Grösseneffekte in der Technologie-Entwicklung:** Die Endverbraucher sind nur mit herausragender Technologie, den „heissesten" Website-Features, auf Webseiten zu locken. CityScape engagiert dafür die besten Spezialisten. Zudem können wir Erfahrungen aus einzelnen Städten auf das gesamte Städtenetz von CityScape übertragen.

**Ausrichtung auf Marketing und Verkauf:** Die meisten Internet Presence Provider sind heute „one-stop shops", die alle zum Auftritt auf dem Internet notwendigen Dienstleistungen anbieten. CityScape konzentriert sich dagegen auf die Marketing- und Verkaufsaspekte dieses Geschäfts und verbessert laufend seinen Service gegenüber den lokalen Geschäften.

## 4.5 Marketingstrategie

Wir sehen CityScape in drei bis fünf Jahren als das in der ganzen Schweiz und im angrenzenden Ausland (D, A, F) verbreitete Web-Verzeichnis für den lokalen Nutzer. CityScape setzt deshalb alles daran, raschmöglichst neue Städte aufs Netz zu bringen. Um anhaltendes Wachstum zu gewährleisten, nutzen wir ein franchiseartiges Geschäftsmodell und konzentrieren unsere Tätigkeit auf Marketing und Verkauf.

### Promotion und Distribution von Services – Werbung an Endverbraucher und Handel

CityScape spricht gleichzeitig die Endverbraucher und den Handel an: Wenn viele Konsumenten sich dafür interessieren, ist dies einerseits ein Anreiz für Firmen, auf CityScape präsent zu sein; andererseits wollen wir möglichst viele Firmen als Kunden gewinnen.

**Firmen und Handel**: Die Kundenwerbung beginnt mit einer Direct-Mail-Kampagne bei allen Firmen in der Region. Dann werden mit einer Telefonkampagne wichtige Branchen und andere Kunden, die ihr Interesse geäussert haben, angesprochen. Der Aussendienst spricht potentielle Kunden durch Kundenbesuche persönlich an. Die Zahl der Aussendienst-Mitarbeiter wird proportional zur Zahl neu gewonnener Kunden ausgebaut.

**Endverbraucher**: Endverbraucher werden über lokale Werbekanäle – Printmedien, Lokalfernsehen, Radio – angesprochen. Mit der Konzentration auf eine Region oder Stadt reduzieren wir den Werbeaufwand, haben aber trotzdem noch Synergien mit von CityScape bedienten Nachbargemeinden.

### Werbeaufwand

Unser Budget für die Werbung an Kunden und Handel beträgt 100'000 Franken pro Jahr und Stadt. Im ersten Jahr der Einführung von CityScape in einer neuen Stadt rechnen wir mit zusätzlichen 100'000 Franken für die Bekanntmachung und den Aufbau der Marke „CityScape", insgesamt also mit 200'000 Franken pro Stadt. Annahme für die Berechnung ist eine Stadt mit 2'000 Geschäften, von denen 500 Kunden werden sollen. Weil sich in jeder Stadt das Vorgehen zur Einführung von CityScape wiederholt, erwarten wir gewisse Einsparungseffekte in den Entwicklungskosten für die Werbekampagnen. CityScape ist bestrebt, seine Werbeprogramme laufend zu verbessern, um die Werbewirkung pro eingesetzten Franken zu maximieren.

## Preisgestaltung

Die Kunden bezahlen eine einmalige Installationsgebühr für die Einrichtung ihrer Seite sowie eine Monatsgebühr, solange sie den Service von CityScape nutzen.

***Produkte, Preise und Marktsegmente,*** in SFr. *Abbildung 2*

|  | Beschreibung | Install. gebühr | Monats- gebühr | Anteil der Kunden |
|---|---|---|---|---|
| Produkt 1: | **Basisangebot**. WWW-Homepage mit 1 Seite Text und Grafiken | 100 | 50 | 70% |
| Produkt 2: | **Deluxe-Angebot**. WWW-Homepage mit bis zu 10 Seiten Text und Grafiken, Installationsberatung | 400 | 200 | 25% |
| Produkt 3: | **Katalogdienst**. Vollständiger Katalog mit Transaktionsabwicklung, Installationsberatung | 2'000 | 500 | 5% |
| Produkt 4: | **Homepage-Aktualisierung** | 25/Aktualisierung | | |

Die Preise beruhen auf Kundenumfragen und Vergleichen mit aktuellen Konkurrenzprodukten. Sie berücksichtigen auch voraussehbare Gebührenermässigungen, wenn die Dienstleistungen weiter verbreitet sind und die Zahl der Wettbewerber zunimmt.

## Kundendienst

Unser Ziel ist eine enge Bindung unserer Kunden und der Endverbraucher an unsere Dienste. Wir sind stark darum bemüht, den Kunden in den Mittelpunkt zu stellen und diese Haltung in unserer Unternehmenskultur zu verankern. Unsere Kundendienstnummer 0848 wird von geschultem, kundenfreundlichem Personal bedient.

# 5. Geschäftssystem und Organisation

## Das Geschäftssystem

CityScape konzentriert sich auf die Entwicklung herausragender Fähigkeiten in Marketing und Verkauf (an Endkunden und Kleinfirmen) sowie auf die Integration bestehender Internet-Technologien (Suchmechanismen, Verschlüsselungs-Technologien etc.). Der grösste Teil der Installationsarbeit und des Unterhalts der CityScape-Homepages wird an externe Internet Presence Provider vergeben. CityScape stattet die Internet Presence Provider mit der CityScape-Software aus; diese bieten als Vertragspartner ihre Internet-Dienstleistungen wie Einrichtung und Unterhalt von Homepages selbständig an. CityScape übernimmt die Fakturierung an alle Kunden und entschädigt die Presence Provider für ihre Dienste.

## Partnerschaften mit Presence Providern

Bereits sind einige Dutzend Anbieter mit ihren Dienstleistungen zur Einrichtung und Gestaltung von Homepages im Markt. Wir werden mit einigen gezielte Partnerschaften eingehen. Partnerschaften müssen allen Beteiligten Vorteile bringen, wenn sie erfolgreich sein sollen. Wir sehen folgende Vorteile einer Partnerschaft:

**Kunden gewinnen**: Wir haben gesehen, dass die meisten lokalen Presence Provider zu klein oder zu unerfahren sind, um mit Direktmarketing-Kampagnen die potentiellen Kunden anzusprechen. Wir richten deshalb ein eigenes Team für Direktverkauf und Direktmarketing ein, um kontinuierlich neue Kunden zu gewinnen. Dies erlaubt den Presence Providern auch, sich auf ihre eigenen technischen Fähigkeiten zu konzentrieren.

**Eine breite Dienstleistungspalette ermöglichen**: Die meisten Presence Provider bieten nur eine beschränkte Auswahl des breiten Angebots kundenspezifischer Lösungen von CityScape an. CityScape stellt auch die Software-Tools zur Verfügung, um neue Dienstleistungen aller Art zu integrieren.

Der Hauptvorteil der Partnerschaften für CityScape ist, dass wir die Stärken der Presence Provider nutzen und so wesentlich schneller wachsen können, als wenn wir alles alleine machen würden.

Die Hauptschwierigkeit von Partnerschaften liegt darin, einen gerechten Modus für die Verteilung der Erträge zu finden. Aufgrund unserer Nachforschungen haben wir einen Verteilungsschlüssel gefunden, der für die Presence Provider attraktiv ist. Presence Provider erhalten 75% der Installationsgebühr sowie zwischen 25% und 50% der Monatsbeiträge. Wir haben diesbezüglich insbesondere mit lokalen Presence Providern gesprochen und die Preise für Dienstleistungen im Zusammenhang mit dem Internet analysiert.

## Organisationsstruktur und Führungsstil

Die vier Gründungsmitglieder bilden das Führungsteam und besetzen die Funktionen des Geschäftsleiters, des Finanzchefs, der Entwicklungsleiterin und der Marketingleiterin. Wie in Abschnitt 3 erwähnt, suchen wir zur Verstärkung weitere Teammitglieder; damit könnten sich auch die aktuellen Verantwortungsbereiche verschieben.

Das Management von CityScape pflegt einen kooperativen Führungsstil und will als Team funktionieren. Die Entlöhnung ist strikt leistungsorientiert; alle Teammitglieder sind an der finanziellen Entwicklung der Firma beteiligt. Ein wesentlicher Teil des Gründungskapitals ist für die Schaffung eines solchen Anreizsystems reserviert.

## Betriebsstandort(e)

CityScape befindet sich anfänglich in Zürich; hier wird der Hauptsitz eingerichtet. Die Nähe zur ETH sowie zu verschiedenen Technologiefirmen im Raum Zürich bietet ausgezeichnete Möglichkeiten, neue Technologien zu nutzen und talentierte Mitarbeiter zu finden.

## Personalplanung

Die folgende Tabelle zeigt unsere Personalprognose für die ersten fünf Betriebsjahre. Die Mehrheit der Angestellten ist in Verkauf, Marketing und Kundendienst tätig. Die Mitarbeiterzahl ist proportional zur Zahl neuer Kunden. Entwicklung und Unterhalt innovativer Software erfordern zudem, dass wir über eine erfahrene Entwicklungsabteilung verfügen.

*Zusammenfassung Personal nach Funktion* — *Abbildung 3*

|  | Jahr 1 | Jahr 2 | Jahr 3 | Jahr 4 | Jahr 5 |
| --- | --- | --- | --- | --- | --- |
| Entwicklung | 5 | 6 | 11 | 21 | 31 |
| Verkauf und Marketing | 8 | 12 | 24 | 34 | 50 |
| Administration | 3 | 5 | 7 | 10 | 10 |
| **Total Personal** | **16** | **23** | **42** | **65** | **91** |

# 6. Realisierungsfahrplan

## Wachstumsstrategie

Wir erzielen Wachstum, indem wir uns in neuen Städten und Regionen der Schweiz und der angrenzenden Länder etablieren. Zürich mit seiner sehr hohen Internet-Anschlussdichte dient als Pilotinstallation. Danach folgen die grössten Schweizer Städte wie Basel, Bern, Genf und Lausanne, anschliessend Städte in Deutschland und Österreich.

**Angestrebtes Wachstum von CityScape**  *Abbildung 4*

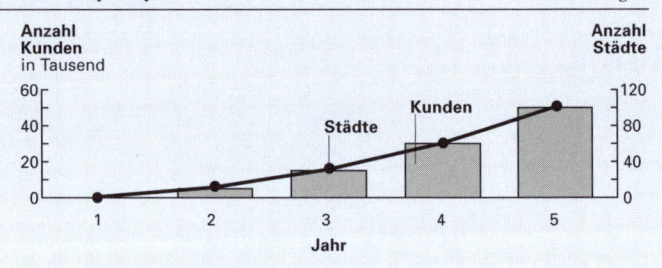

## Entwicklungsplan

In den ersten sechs Geschäftsmonaten sehen wir folgende Schwerpunkte: Aufbau des Management- und des Software-Entwicklungsteams, Entwicklung eines Prototyps für das CityScape-Produkt, Marktanalysen, Kontakte zu potentiellen Kunden und Beschaffung von Kapital.

*Abbildung 5*

| | 1/98 | 2/98 | 3/98 | 4/98 | 5/98 | 6/98 | 7/98 | 8/98 | 9/98 | 10/98 | 11/98 | 12/98 | 1999 | 2000 | 2001 | 2002 |
|---|---|---|---|---|---|---|---|---|---|---|---|---|---|---|---|---|
| **Entwicklung** | | | | | | | | | | | | | | | | |
| Software-Entwicklung | | | | ████████████████████████████████████ | | | | | | | | | | | | |
| CityScape Server Setup/Betrieb | | | | | ██████████████████████████████████ | | | | | | | | | | | |
| Demo Software-Entwicklung | | | | ████████████ | | | | | | | | | | | | |
| Test/Debugging Zürich | | | | | | ████████████████ | | | | | | | | | | |
| Katalogentwicklung | | | ██████████████████████ | | | | | | | | | | | | | |
| Entwicklung Transaktionsmodul | | | | ██████████████████ | | | | | | | | | | | | |
| **Marketing** | | | | | | | | | | | | | | | | |
| Aufbau von Kundenbeziehungen | | | | ████████████████████████████████████ | | | | | | | | | | | | |
| Entwicklung Marketing-Kampagne | | | | | ████████████ | | | | | | | | | | | |
| Durchführung Marketing-Kampagne | | | | | | ██████████████████████████████ | | | | | | | | | | |
| Start in Zürich | | | | | | ██ | | | | | | | | | | |
| Start in Basel | | | | | | | | | ██ | | | | | | | |
| Start in Genf | | | | | | | | | ██ | | | | | | | |
| Start in Bern | | | | | | | | | ██ | | | | | | | |
| **Management** | | | | | | | | | | | | | | | | |
| Gründung von CityScape | ██ | | | | | | | | | | | | | | | |
| Teambildung | ████ | | | | | | | | | | | | | | | |
| Aufbau des Betriebes | ██████ | | | | | | | | | | | | | | | |
| Rekrutierung Software-Spezialisten | ████████ | | | | | | | | | | | | | | | |
| Start der Allianzen mit Internet-Providern | | | | ████████████ | | | | | | | | | | | | |
| 1. Finanzierungsrunde | ■ | | | | | | | | | | | | | | | |
| 2. Finanzierungsrunde | | | | | | | | | | | | | ■ | | | |
| 3. Finanzierungsrunde | | | | | | | | | | | | | | ■ | | |
| **Meilensteine** | | | | ■ | ■ | | | | | | | | ■ | ■ | | ■ |

1. CityScape Prototyp — Start von CityScape Zürich — 4 Städte — 10 Städte / 30 Städte — 60 Städte / 100 Städte

# 7. Risiken

Der Erfolg von CityScape ist von mehreren Faktoren abhängig; die wichtigsten sind:

**Endverbraucherseite: Werden Konsumenten das Internet für regionale Informationen nutzen?**

Dies wird davon abhängen, ob das Internet anerkannt wird als ein Medium, das den Benutzern einfacher und schneller mehr Informationen bietet als jedes andere Medium. Während der Entwicklungsphase werden wir mit Marktuntersuchungen bei Konsumenten genauer herausfinden, wie wir auftreten müssen, um unsere Zielkunden (die Firmen) vom spezifischen Nutzen von CityScape zu überzeugen. Zürich wird als Pilotstadt zudem der Überprüfung der CityScape-Idee dienen. Sollte das Ergebnis negativ ausfallen, wäre der Schaden begrenzt, und wir könnten Gegenmassnahmen treffen, bevor wir weitergehen.

**Firmenseite: Lassen sich die Firmen für diesen Marketing-Kanal begeistern?**

Die Akzeptanz bei den Firmen wird davon abhängen, ob die einzelnen Geschäfte effektiv einen Nutzen spüren. Unsere Werbung wird zuerst die interessanten Werbemöglichkeiten von CityScape, die Marketing-Unterstützung, die direkte Abwicklung von Transaktionen und die Informationen über die Kundenpräferenzen in den Vordergrund stellen. Wir glauben, dass wir mit diesen Argumenten viele Firmen dazu bewegen können, CityScape zu testen. Zu dauerhaften Kunden werden sie aber erst, wenn wir klar beweisen können, dass sowohl die Übermittlung von Werbebotschaften als auch die Abwicklung von Geschäften deutlich besser sind als über herkömmliche Kanäle.

**Wettbewerb: Werden grosse Anbieter wie Microsoft oder Swisscom in diesen Markt eintreten?**

Es ist durchaus möglich, dass auch die grossen Anbieter in den Markt für „Information Packaging" eintreten. Software- und Telekommunikationsfirmen sehen hier grosse Chancen. Wir glauben, dass wir uns mit der Konzentration auf lokale Informationen und Kleinfirmen einen Wettbewerbsvorteil verschaffen, der auch der Konkurrenz grosser Anbieter standhält.

Neben diesen qualitativen Aspekten haben wir die Risiken mit einer Sensitivitätsanalyse quantitativ abgeschätzt. Diese Analyse ist im Finanzplan integriert.

# 8. Finanzierung

## 8.1 Finanzplan

Wir erwarten, dass CityScape innerhalb von fünf Jahren 50'000 Kunden haben wird; bei einem Umsatz von 67,8 Mio. SFr. rechnen wir mit einem Nettogewinn nach Steuern von 7,9 Mio. SFr.

### Umsatzprognose

Unsere Umsatzprognose basiert auf der erwarteten Verteilung der Kunden auf die verschiedenen Angebotskategorien. Nach unseren Schätzungen werden 70% der Kunden das Basisangebot und 25% das Deluxe-Angebot in Anspruch nehmen (z.B. Restaurants); für den Katalogdienst – das teuerste und umfassendste Angebot – dürften sich nur 5% der Kunden interessieren. Wir gehen davon aus, dass nur die Kunden mit Deluxe-Angebot und Katalogdienst regelmässige Aktualisierung ihrer Homepage verlangen.

*Geschätzte CityScape-Umsatzverteilung nach Produkten*  *Abbildung 6*

- Aktualisierung 7%
- Katalogdienst 27%
- Basisangebot 27%
- Deluxe-Angebot 39%

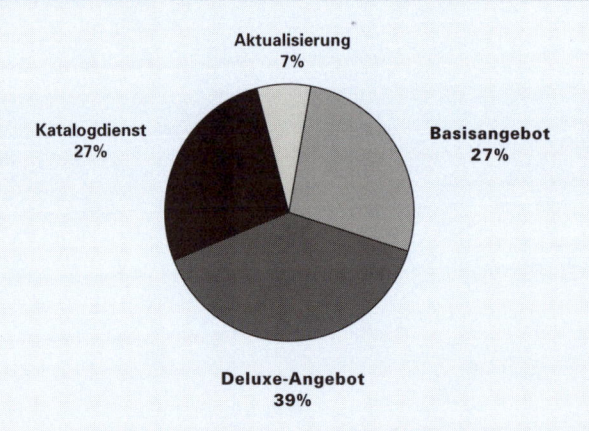

### Prognostiziertes Umsatzwachstum

Die Wachstumsprognose beruht auf der Annahme, dass wir Ende des fünften Jahres 20% unserer Zielkunden (total 50'000 Kunden) erreicht haben. Wir rechnen damit, dass aufgrund der fixen Anzahl Firmen die Zahl der Kunden in den Folgejahren wahrscheinlich weniger schnell ansteigen wird. Das Wachstumsszenario geht von einer durchschnittlichen Stadt mit 2'000 Geschäften, einer Einwohnerzahl von 50'000 sowie 500 zahlenden Kunden aus.

CITYSCAPE - FINANZIERUNG

## Überblick über die finanziellen Ergebnisse

Das erwartete finanzielle Ergebnis stellen wir anhand folgender Übersichten dar: erwarteter Cash-Bedarf, Geldflussrechnung, erwarteter Umsatz und Reingewinn, Erfolgsrechnung der ersten fünf Jahre und Bilanz. Ebenfalls vorhanden ist eine Zusammenfassung der wichtigsten Annahmen für den Finanzplan.

## Cashflow und Sensitivitätsanalyse

Abbildung 7 zeigt den gesamten Cash-Bedarf von CityScape in den ersten fünf Jahren anhand von drei verschiedenen Szenarien. Die drei wichtigsten Hebel der Finanzrechnung sind die prognostizierte Wachstumsrate, die Gesamteinnahmen von den Kunden sowie der Prozentsatz, der an unsere Partner (Internet Presence Provider) weitergegeben wird. Wie Abbildung 7 zeigt, weisen diese Grössen eine hohe Sensitivität auf.

***CityScape – Kumulativer Cash-Bedarf***  *Abbildung 7*
(ohne externe Finanzierung), in Millionen SFr.

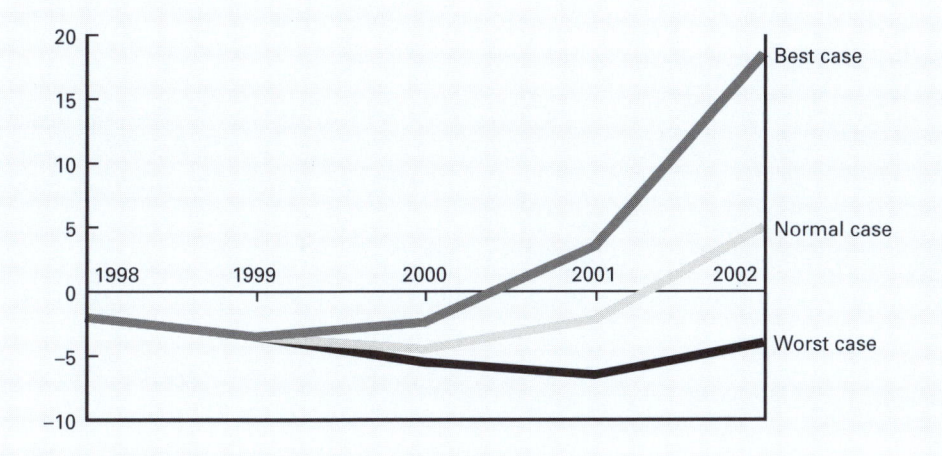

- Die Annahmen für den Normalfall entsprechen den genannten Grössen; demzufolge besteht ein Finanzierungsbedarf von 4,5 Mio. SFr. Der Payback wird Mitte 2001 erwartet. Investoren der ersten Runde können mit einer IRR von 68% rechnen.
- Der günstigste Fall geht von einem jährlichen Wachstum von 10% aus, von 10% höheren Einnahmen von unseren Kunden und 10% weniger mit Partnern zu teilenden Einnahmen. Bei diesem Szenario beträgt der Finanzierungsbedarf 3,2 Mio. SFr. Breakeven und Payback werden rund ein halbes Jahr früher erreicht. Die IRR für die Investoren der ersten Runde beträgt 96%.

- Der ungünstigste Fall geht von einem 10% geringeren Wachstum, von 10% tieferen Einnahmen und 10% mehr mit Partnern zu teilenden Einnahmen aus. Der Finanzierungsbedarf beträgt 6,5 Mio. SFr., mit dem Breakeven ist ca. Mitte 2002 und mit dem Payback um 2004 zu rechnen. Die IRR für Investitionen der ersten Runde beträgt in diesem Szenario 44%.

*CityScape – Cashflow-Rechnung (in Tausend SFr.) – Normal case*  *Abbildung 8*

|  | 1998 | 1999 | 2000 | 2001 | 2002 |
|---|---|---|---|---|---|
| **Flüssige Mittel (Cash) zu Jahresbeginn** | 0 | 116 | 288 | 186 | 2'551 |
| Quellen flüssiger Mittel (Sources of Cash) | | | | | |
| Reingewinn | –1'474 | –1'380 | –627 | 3'608 | 7'930 |
| Zuzüglich Abschreibungen/Amortisation | 17 | 39 | 82 | 120 | 164 |
| Zuzüglich Veränderungen in | | | | | |
| Verbindlichkeiten aus zu erbringenden Leistungen | 78 | 163 | 227 | 360 | 482 |
| Lohnrückstellungen | 55 | 23 | 62 | 84 | 92 |
| Steuerrückstellungen | 0 | 0 | 0 | 14 | 836 |
| Langfristige Schulden/Darlehen | 0 | 0 | 0 | 0 | 0 |
| **Total Quellen flüssiger Mittel** | **–1'324** | **–1'155** | **–256** | **4'186** | **9'504** |
| Einsatz flüssiger Mittel (Use of Cash) | | | | | |
| Abzüglich Veränderungen in | | | | | |
| Netto-Forderungen aus erbrachten Leistungen | 172 | 616 | 736 | 1'684 | 2'389 |
| Brutto-Anlagevermögen | 88 | 58 | 110 | 136 | 147 |
| **Total Einsatz flüssiger Mittel** | **260** | **674** | **846** | **1'820** | **2'536** |
| **Zu-/Abnahme flüssiger Mittel (Cashflow)** | **–1'584** | **–1'829** | **–1'102** | **2'366** | **6'968** |
| Finanzierung (Eigenkapitalzunahme) | 1'700 | 2'000 | 1'000 | 0 | 0 |
| **Flüssige Mittel am Jahresende** | **116** | **287** | **186** | **2'552** | **9'519** |

## Einnahmen, Gewinn und Bilanz

Der prognostizierte Umsatz beläuft sich im fünften Jahr auf 67,8 Mio. SFr. Der Nettogewinn nach Steuern wird ab Anfang des dritten Betriebsjahres positiv sein und sich kontinuierlich auf 12% oder 7,9 Mio. SFr. im Jahr 5 steigern. Während der ersten fünf Betriebsjahre betragen die Bruttomargen rund 55%; darin widerspiegeln sich die Zahlungen an die Presence Provider für das Speichern und den Unterhalt der Homepages unserer Kunden. In der Regel erhalten die Presence Provider den Grossteil der einmaligen Installationsgebühr, während CityScape den Grossteil der laufenden Monatsbeiträge erhält.

CITYSCAPE - FINANZIERUNG

## CityScape – Entwicklung von Umsatz, Bruttogewinn und Reingewinn
### 1998 – 2000, in Millionen SFr.

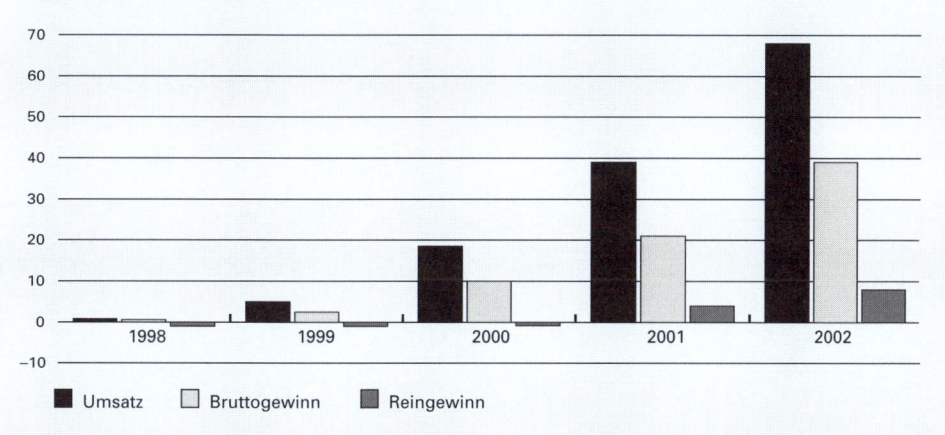

*Abbildung 9*

■ Umsatz    ☐ Bruttogewinn    ■ Reingewinn

## CityScape – Erfolgsrechnung (in Tausend SFr.) – Normal case

*Abbildung 10*

| Umsatz | 1998 | 1999 | 2000 | 2001 | 2002 |
|---|---:|---:|---:|---:|---:|
| Produkt 1 – Basisangebot | 177 | 1'366 | 4'867 | 10'429 | 18'355 |
| Produkt 2 – Deluxe-Angebot | 251 | 1'952 | 6'953 | 14'899 | 26'222 |
| Produkt 3 – Katalogdienst | 173 | 1'178 | 3'973 | 8'194 | 14'154 |
| Produkt 4 – Homepage-Aktualisierung | 48 | 464 | 2'682 | 5'364 | 9'118 |
| **Total Umsatz** | **649** | **4'960** | **18'475** | **38'886** | **67'849** |
| | | | | | |
| Kosten der erbrachten Leistungen | 340 | 2'296 | 8'537 | 17'074 | 29'026 |
| **Bruttogewinn** | **309** | **2'664** | **9'938** | **21'812** | **38'823** |
| in % des Umsatzes | 48 | 54 | 54 | 56 | 57 |
| | | | | | |
| Betriebskosten | | | | | |
| Entwicklung/Engineering | 549 | 782 | 1'566 | 3'080 | 4'681 |
| in % des Umsatzes | 85 | 16 | 8 | 8 | 7 |
| Marketing/Verkauf | 938 | 2'687 | 7'851 | 13'038 | 20'177 |
| in % des Umsatzes | 145 | 54 | 42 | 34 | 30 |
| Administration | 296 | 575 | 1'147 | 2'031 | 2'638 |
| in % des Umsatzes | 46 | 12 | 6 | 5 | 4 |
| **Total Betriebskosten** | **1'783** | **4'044** | **10'564** | **18'149** | **27'496** |
| in % des Umsatzes | 275 | 82 | 57 | 47 | 41 |
| **Betriebsgewinn (EBIT)** | **–1'474** | **–1'380** | **–626** | **3'663** | **11'327** |
| in % des Umsatzes | –227 | –28 | –3 | 9 | 17 |
| Finanzaufwand | 0 | 0 | 0 | 0 | 0 |
| Finanzertrag | 0 | 0 | 0 | 0 | 0 |
| **Gewinn vor Steuern** | **–1'474** | **–1'380** | **–626** | **3'663** | **11'327** |
| Ertragssteuern | 0 | 0 | 0 | 54 | 3'399 |
| **Reingewinn** | **–1'474** | **–1'380** | **–626** | **3'609** | **7'928** |
| in % des Umsatzes | –227 | –28 | –3 | 9 | 12 |

CITYSCAPE - FINANZIERUNG

*CityScape – Bilanz per Jahresende (in Tausend SFr.) – Normal case*   *Abbildung 11*

|  | 1998 | 1999 | 2000 | 2001 | 2002 |
|---|---|---|---|---|---|
| **Aktiven** | | | | | |
| **Umlaufvermögen** | | | | | |
| Flüssige Mittel | 116 | 288 | 186 | 2'551 | 9'518 |
| Netto-Forderungen aus erbrachten Leistungen | 172 | 788 | 1'524 | 3'208 | 5'598 |
| Vorräte | 0 | 0 | 0 | 0 | 0 |
| **Total Umlaufvermögen** | **288** | **1'076** | **1'710** | **5'759** | **15'116** |
| **Brutto-Anlagevermögen** | 88 | 146 | 256 | 392 | 539 |
| Minus kumulierte Abschreibungen | 17 | 57 | 139 | 259 | 422 |
| **Netto-Anlagevermögen** | **71** | **89** | **117** | **133** | **117** |
| **Total Aktiven** | **359** | **1'165** | **1'827** | **5'892** | **15'233** |
| **Passiven** | | | | | |
| **Verbindlichkeiten** | | | | | |
| **Kurzfristige Verbindlichkeiten** | | | | | |
| Verbindlichkeiten aus zu erbringenden Leistungen | 78 | 242 | 469 | 829 | 1'311 |
| Lohnrückstellungen | 55 | 78 | 140 | 224 | 315 |
| Steuerrückstellungen | 0 | 0 | 0 | 14 | 850 |
| **Total Kurzfristige Verbindlichkeiten** | **133** | **320** | **609** | **1'067** | **2'476** |
| **Langfristige Verbindlichkeiten** | | | | | |
| Langfristige Schulden, Darlehen | 0 | 0 | 0 | 0 | 0 |
| **Total Langfristige Verbindlichkeiten** | **0** | **0** | **0** | **0** | **0** |
| **Total Verbindlichkeiten** | **133** | **320** | **609** | **1'067** | **2'476** |
| **Eigenkapital** | | | | | |
| Aktienkapital Gründerteam | 200 | 200 | 200 | 200 | 200 |
| Aktienkapital Investoren | 1'500 | 3'500 | 4'500 | 4'500 | 4'500 |
| Kapital- und Gewinnreserven | –1'474 | –2'855 | –3'482 | 125 | 8'057 |
| **Total Eigenkapital** | **226** | **845** | **1'218** | **4'825** | **12'757** |
| **Total Passiven** | **359** | **1'165** | **1'827** | **5'892** | **15'233** |

Zusätzlich wird pro Stadt eine monatliche Ausgabe von 10'000 SFr. veranschlagt, um zusätzliche lokale Informationen zu aktuellen Veranstaltungen, Wetter, Restaurants, Kinos etc. abzudecken. Betriebskosten entstehen hauptsächlich aus dem Marketing, dem Verkauf und den Werbeaktionen. Anfänglich werden auch die Software-Entwicklung und die Betriebsaufnahme signifikante Kosten verursachen.

Die Bilanz widerspiegelt die auf Gebühreneinnahmen und variablen Kosten basierende Ertragsmechanik von CityScape. Kapitalinvestitionen sind minimal, da keine Fabrikationsanlagen benötigt und Büros gemietet werden. Eine bedeutende Investition stellt die Computer-Software und -Hardware für die Anwendungsentwicklung dar. Im Normalfall ist keine Aufnahme von Fremdmitteln vorgesehen.

## CityScape – Annahmen für den Finanzplan *Abbildung 12*

### Umsatz

- Der erste Umsatz wird Mitte des ersten Betriebsjahres realisiert

- Preisstruktur (SFr.):

| | Installation | Monatsgebühr |
|---|---|---|
| Produkt 1 – Basisangebot | 100 | 50 |
| Produkt 2 – Deluxe-Angebot | 400 | 200 |
| Produkt 3 – Katalogdienst | 2'000 | 500 |
| Produkt 4 – Homepage-Aktualisierung | | 25 |

### Kosten der erbrachten Dienstleistungen

- Die Kosten der erbrachten Dienstleistungen entsprechen den Gebühren, die an die Internet-Anbieter bezahlt werden

- Gebührenaufteilung mit Internet-Anbietern:

| | Installation | Monatsgebühr |
|---|---|---|
| Produkt 1 – Basisangebot | 75% | 25% |
| Produkt 2 – Deluxe-Angebot | 75% | 25% |
| Produkt 3 – Katalogdienst | 75% | 50% |
| Produkt 4 – Homepage-Aktualisierung | | 80% |

### Betriebskosten

- Monatslöhne entsprechen gängigen „Marktpreisen", z.B. (SFr.):
  - Gründerteam = 6'000 (pauschal)
  - Verkäufer = 6'000; Buchhalter, Controller = 5'000
  - Software-Entwickler, Marketing-Spezialist = 8'000, Verkaufschef = 9'000
- Sozialkosten betragen 30% der Lohnkosten
- Löhne steigen jährlich um 3%
- Das Modell für die Zahl der Angestellten ist im Finanzplan aufgeführt
- Umsatzprovisionen sind bereits in den Löhnen enthalten
- Berater für Spezialprojekte und Revision werden zu Marktlöhnen bezahlt
- Nebenkosten pro Person sind wie folgt berechnet:

**Kosten pro Pers./Monat**

| | Verbrauchsmaterial | Reisekosten | Kommunikation |
|---|---|---|---|
| Produktion | 0 | 0 | 0 |
| Techniker/Programmierer | 200 | 400 | 100 |
| Marketing und Verkauf | 200 | 1'000 | 600 |
| Administration | 200 | 200 | 100 |

- Miete ist mit 20 SFr. pro Quadratmeter und Monat berechnet
- Die Rückstellung für nicht bezahlte Rechnungen beträgt 1% des Umsatzes
- Zinserträge auf liquiden Mitteln betragen 2%
- Die Ertragssteuer beträgt 30%

### Bilanz

- Offene Rechnungen werden innerhalb von 30 Tagen beglichen (Kreditoren wie Debitoren)
- Das Anlagevermögen umfasst Computer, Software und Büroausstattung
- Abschreibungsdauer: Computer, Büroausstattung = 5 Jahre, Software = 3 Jahre
- Die Rückstellung für Löhne beträgt die Hälfte eines Monatssalärs für alle Angestellten
- Steuern werden am Ende der Steuerfrist bezahlt

## 8.2 Finanzierung

Die anfängliche Finanzierung in der Höhe von 200'000 SFr. ist durch private Mittel der Gründer sichergestellt. Dieser Betrag wird für die erste Entwicklungsphase verwendet, in der Anwendungs-Software entwickelt und getestet sowie Investoren gesucht werden. Wir erwarten, bis März 1998 im Austausch von 43% des Aktienanteils der Firma 1,5 Mio. SFr. zu erhalten. Mit diesem Geld werden wir die Software-Entwicklung bis zur Einsatzreife vorantreiben, Verkaufspersonal einstellen und das Marketing einleiten. Diese erste Finanzierungsetappe wird rund ein Jahr dauern. Wir suchen in erster Linie eine Risikokapitalgesellschaft mit vertieften Branchenkenntnissen, die uns behilflich ist, erfahrene Software-Entwickler und Verkäufer anzuwerben. Ein wesentlicher Teil des Gründungskapitals ist einem Anreizsystem für die Mitglieder des Managementteams vorbehalten.

Die zweite Finanzierungsrunde ist für Anfang 1999 vorgesehen; wir wollen dann weitere 2 Mio. SFr. beschaffen, die für das weitere Wachstum eingesetzt werden. Für diesen Betrag werden 25% des Aktienkapitals der Firma angeboten.

Um das Wachstum zu finanzieren, werden in einer dritten Finanzierungsrunde im Jahr 2000 nochmals 1 Mio. SFr. benötigt. Das vorgestellte Szenario geht davon aus, dass dazu 5% Eigenkapital verkauft werden. Nach dieser Runde wird sich CityScape bis zum vorgesehenen Börsengang am Ende des fünften Betriebsjahres intern finanzieren können.

**Finanzierungsrunden CityScape**  *Abbildung 13*

| SFr. | Datum | Betrag | Quelle |
| --- | --- | --- | --- |
| Eigene Reserven | Januar 1998 | 200'000 | Gründer |
| Runde 1 | März 1998 | 1'500'000 | Venture Capital |
| Runde 2 | Anfang 1999 | 2'000'000 | Venture Capital |
| Runde 3 | 2000 | 1'000'000 | Venture Capital |

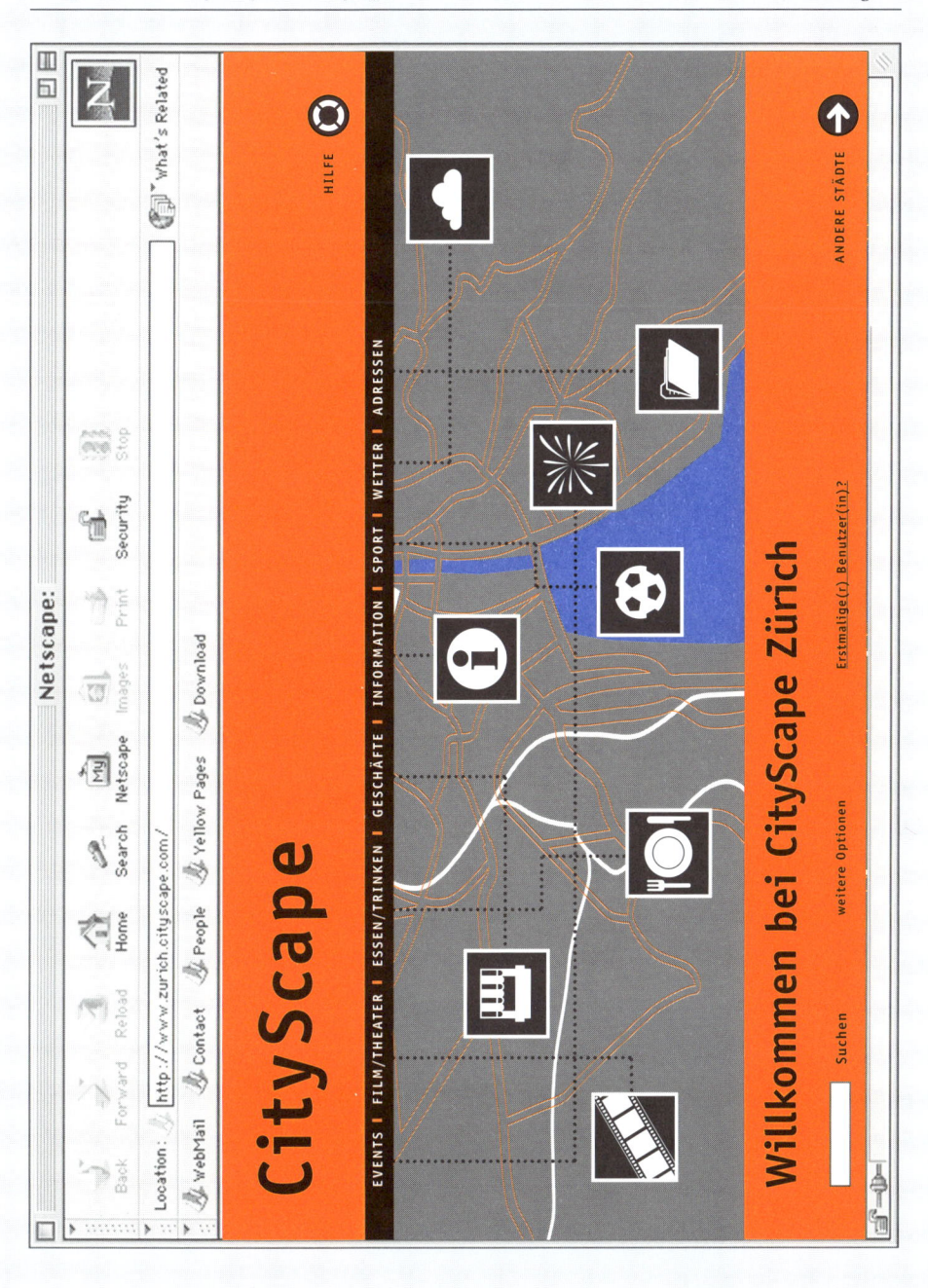

CITYSCAPE - ABBILDUNGEN

**Beispiel einer CityScape-Homepage**  *Abbildung 14*

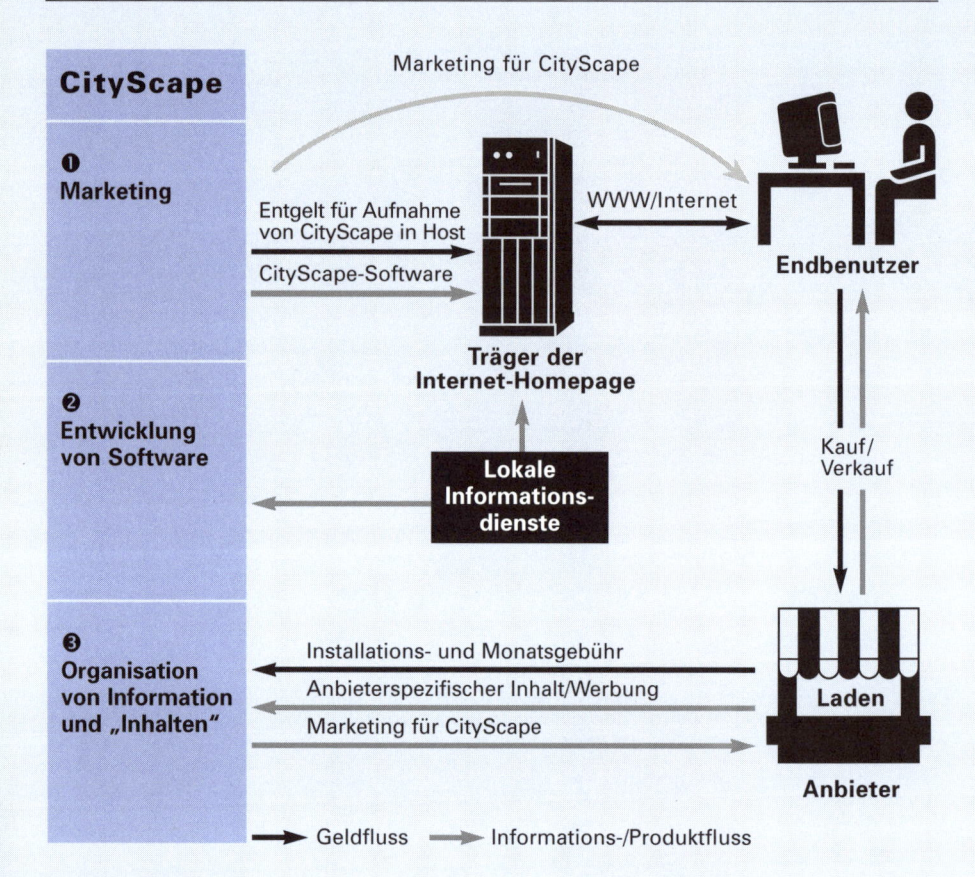

*Geschäftsmodell für CityScape* — *Abbildung 15*

**CityScape**

**❶ Marketing**

- Marketing für CityScape
- Entgelt für Aufnahme von CityScape in Host
- CityScape-Software
- WWW/Internet

**Träger der Internet-Homepage**

**Endbenutzer**

Kauf/Verkauf

**❷ Entwicklung von Software**

**Lokale Informationsdienste**

**❸ Organisation von Information und „Inhalten"**

- Installations- und Monatsgebühr
- Anbieterspezifischer Inhalt/Werbung
- Marketing für CityScape

**Laden**

**Anbieter**

→ Geldfluss   → Informations-/Produktfluss

## ANMERKUNGEN ZUM BUSINESSPLAN CITYSCAPE

### Kapitel Produktidee
*Seiten 5, 6 und 8:* Die Marktvolumenabschätzungen sind nicht mit Quellenangaben belegt, was die Nachprüfbarkeit für den Leser erschwert. Zudem werden unterschiedliche Marktvolumenschätzungen genannt, z.B. 150 Mrd. Franken für den elektronischen Markt im Jahr 2000, Seite 3, und 100 Mrd. Franken für elektronischen Einzelhandel im Jahr 2000, Seite 5. Die Gründe dafür sollten genannt werden. Zum Verständnis wäre es auch hilfreich zu wissen, auf welchen geografischen Raum sich die Zahlen beziehen.

### Kapitel Marketingplan
*Abbildung 1:* Die Angabe der Quelle würde die Angaben nachprüfbar machen. Von Vorteil – sofern verfügbar – wären auch Angaben zu regionalen oder städtischen Internet-Anschlüssen und deren Nutzung, da die Bedeutung solcher Daten für die Geschäftsentwicklung von CityScape immens ist.
*Seite 13:* Die erwähnten voraussehbaren Gebührenermässigungen sollten zumindest grob quantifiziert werden. Fehlen derartige Angaben, so lassen sich Ergebnis- und Cashflow-Rechnung nicht mehr nachvollziehen.

### Kapitel Geschäftssystem und Organisation
Da die angestrebten Partnerschaften mit den lokalen Providern für CityScape von Bedeutung sind, sollten vorgesehene Vertragsdetails (z.B. Exklusivitätsvereinbarungen, Fristigkeiten) erläutert werden.

### Kapitel Realisierungsfahrplan
*Seite 16:* Die dargestellte Wachstumsplanung ist wenig differenziert: Pro Stadt sollen pauschal 500 Kunden gewonnen werden. Hier wäre die Erläuterung hilfreich, wie sich dieser Durchschnittswert errechnet. Besser wäre sicherlich eine differenziertere, auf bestimmten Indikatoren (z.B. Einwohnerzahlen oder Zahl der Internet-Zugänge) basierende Wachstumsplanung. Ebenso angreifbar ist die Annahme eines fixen Marketingbudgets pro Stadt.

## Kapitel Finanzierung

*Abbildung 8:* Die Autoren des Businessplans bauen den Cashflow nach der sogenannten direkten Methode (Zuflüsse minus Abflüsse flüssiger Mittel) auf. Das Schema im Exkurs „Grundlagen der Finanzrechnung" (Kapitel 8) folgt dagegen der indirekten Methode (vgl. Beispiel Seite 138); diese ist auch Basis für die im Teil 4 beschriebene Unternehmensbewertung. Beide Methoden führen allerdings zum gleichen Ergebnis.

*Abbildung 10:* Die Umsatzplanung ist für den Leser ohne weitere Angaben, z.B. Kundenzahlen zu bestimmten Zeitpunkten innerhalb des Jahres oder Produktpreisentwicklung, nicht genau nachvollziehbar.

*Abbildung 12:* Es werden Zinserträge auf liquiden Mitteln in Höhe von 2% angenommen. Trotz erheblicher Bestände an flüssigen Mitteln in den Jahren 2001 und 2002 finden sich fälschlicherweise keine Zinserträge in der Erfolgs- und Cashflow-Rechnung.

Bei der Ertragsbesteuerung wird von 30% ausgegangen; dies wäre angesichts der unterstellten Thesaurierung (Gewinne werden nicht ausgeschüttet, sondern im Unternehmen belassen) für deutsche Verhältnisse zu niedrig. Bedingt durch Gewerbeertrags- und Körperschaftssteuer sollte vielmehr ein effektiver Steuersatz bei der Thesaurierung von ca. 55% angenommen werden. Darüber hinaus sind in den Renditeberechnungen mögliche Besteuerungswirkungen im Falle der Veräusserung von Unternehmensanteilen zu berücksichtigen. Es empfiehlt sich – auch im Hinblick auf mögliche Änderungen der Steuergesetzgebung –, dies mit Experten, z.B. Steuer- oder Finanzierungsberatern, abzusprechen.

Offene Rechnungen der lokalen Internet-Provider werden in kürzerer Zeit beglichen als die in der Abbildung genannten 30 Tage. Für z.B. 2002 ergibt sich ein durchschnittliches Zahlungsziel von 16,5 Tagen nach der Formel

$$\frac{\text{Bestand Verbindlichkeiten aus Lieferungen und Leistungen (Bilanz)}}{\text{Kosten für erbrachte Leistungen (Erfolgsrechnung)}} = \left(\frac{1'311}{29'026}\right) \times 365 = 16,5$$

TEIL 4

# Eigenmittelbeschaffung
## und Unternehmensbewertung

**The good thing about talking to a venture capitalist is that they bring you down to earth. It's not that they're negative, but they'll give you a feel for what it will really need to succeed.**

*Eugene Kleiner*
*Venture Capitalist*

# Eigenmittelbeschaffung und Unternehmensbewertung

Im Businessplan ist der Mittelbedarf für das zukünftige Unternehmen quantifiziert. Wie lässt sich dieser Bedarf nun decken? Sie werden vermutlich schnell feststellen, dass Geld in Form von Fremdkapital, z.B. Bankkredite oder Hypotheken, jungen Unternehmen kaum zur Verfügung gestellt wird. Es kommt häufig nur die Beteiligung eines Investors am Eigenkapital in Frage. Weil dies für interessierte Investoren eine mehrjährige, risikoreiche Anlage bedeutet, werden sie eine bestimmte Rendite sowie einen bestimmten Unternehmensanteil erwarten. Darüber werden Sie sich mit dem Investor in Verhandlungen einigen müssen. Grundlage dafür ist eine „Unternehmensbewertung". Neben dem rein Finanziellen schätzen Unternehmerteams genauso die Unterstützung des Investors in Form von „Smart Money". Da sein Engagement mehrere Jahre dauern wird, ist es entscheidend, in der Verhandlung die Basis für eine vertrauensvolle Zusammenarbeit zu schaffen.

In diesem Kapitel erfahren Sie,
- welche unterschiedlichen Interessen sich bei einem Deal gegenüberstehen
- wie sich der Weg zum Deal gestaltet
- wie als Vorbereitung dazu ein Unternehmen bewertet werden kann
- was in den Verhandlungen zu beachten ist
- wie Sie bei weiteren Kapitalerhöhungen vorgehen.

## UNTERSCHIEDLICHE INTERESSEN

Sie haben den Businessplan für Ihr Unternehmen erstellt und erkennen nun, dass die Beteiligung eines Kapitalgebers notwendig ist. Sie werden also geeignete Kapitalgeber ausfindig machen, deren Interesse wecken und verhandeln müssen. Geld wird nie einfach gratis zur Verfügung gestellt. Dem Bargeld der Investoren kann das Unternehmerteam vor allem ein Versprechen gegenüberstellen – normalerweise keine gute Verhandlungsposition. Dennoch können Sie in aller Regel einen fairen Deal erwarten, weil auch der professionelle Investor Interesse daran hat, dass das Team erfolgreich ist.

### Die Interessen des Unternehmerteams

Wenn Sie mit einer kleinen Firma zufrieden sind, dann sind Sie wahrscheinlich mit Familiengeldern, Darlehen von Bekannten und Bankkrediten gut beraten. Sie behalten dadurch zwar die Kapitalmehrheit, schränken jedoch Ihre Wachstumschancen erheblich ein. Klären Sie auch ab, ob anderweitig „billiges" Geld zur Verfügung steht, zum Beispiel staatliche Fördermittel. Gelegentlich greifen Start-ups auf sogenannte Business Angels zurück, d.h. Privatinvestoren wie (ehemalige) Unternehmer, die im Vergleich zu Venture Capitalists meist kleinere Beträge investieren, dafür aber geringere Informationsauflagen machen. Aufgrund eigener Erfahrungen können sie zudem bei nicht direkt finanziellen Fragen helfen.

Wenn Sie dagegen rasch expandieren möchten, sind Sie in der Regel auf Kapital von Venture Capitalists oder ähnlichen Investoren angewiesen. Überlegen Sie sich zunächst, ob Ihr Kapitalbedarf wirklich so hoch ist, wie Sie derzeit denken. Ein Venture Capitalist wird einen gewichtigen Anteil an der Firma beanspruchen; vielleicht müssen Sie sogar die Kapitalmehrheit abgeben. Professionelle Investoren haben in der Regel aber kein Interesse daran, die Firma zu leiten, solange Sie die Zielvorgaben erfüllen.

Bedenken Sie, dass es in den Verhandlungen nicht nur um Finanzielles geht. Wichtig für Sie ist, dass ein Kapitalgeber Ihr Team aktiv im Management unterstützen will, durch geografische Nähe dies auch kann, und dass er Fachwissen (z.B. Rechts- oder Marktkenntnisse) und Kontakte einbringen wird. Dieses sogenannte „Smart Money" ist besonders wichtig in einer Zeit, in der ein Unternehmerteam auf fremde Erfahrung und Unterstützung angewiesen ist. Dies und eine gute „Chemie" zwischen dem Unternehmerteam und dem Kapitalgeber werden Ihnen rückblickend für den Unternehmenserfolg vermutlich viel wichtiger erscheinen als der Investitionsbetrag.

Überlegen Sie sich folgende Punkte:

- In welchem Umfang sind Sie bereit, Eigentumsrechte abzugeben?
- Welche nichtfinanzielle Unterstützung erwarten Sie zusätzlich von Ihrem Investor?

### Die Interessen der Kapitalgeber

Investoren beanspruchen eine dem Risiko entsprechende Rendite. Jedoch gibt es von Investor zu Investor markante Unterschiede, meist in folgenden Punkten:

- Umfang und Art des akzeptablen Risikos
- Höhe der Investition
- Inhalt und Umfang zusätzlich vereinbarter Rechte und Ansprüche, insbesondere im Hinblick auf Einflussmöglichkeiten (siehe „Term Sheet" im Abschnitt „Der Weg zum Deal")
- Zeithorizont für die geforderte Rendite.

Manche Investoren, z.B. Industriekonzerne, haben neben dem finanziellen Interesse auch andere Gründe für eine Beteiligung, z.B. strategische. So halten sich z.B. Industriekonzerne dadurch ein „Window on Technology" offen – ein Fenster zu neuen Technologien und Märkten, aber auch zu möglichen Konkurrenten.

## DER WEG ZUM DEAL

Hat ein Investor durch Ihren Businessplan Interesse an Ihrem Unternehmen und Ihrem Team gewonnen, wird es zu ersten Gesprächen und Vorverhandlungen kommen. Seine Absicht, konkrete Verhandlungen aufzunehmen, dokumentiert der Investor mit einem sogenannten Letter of Intent.

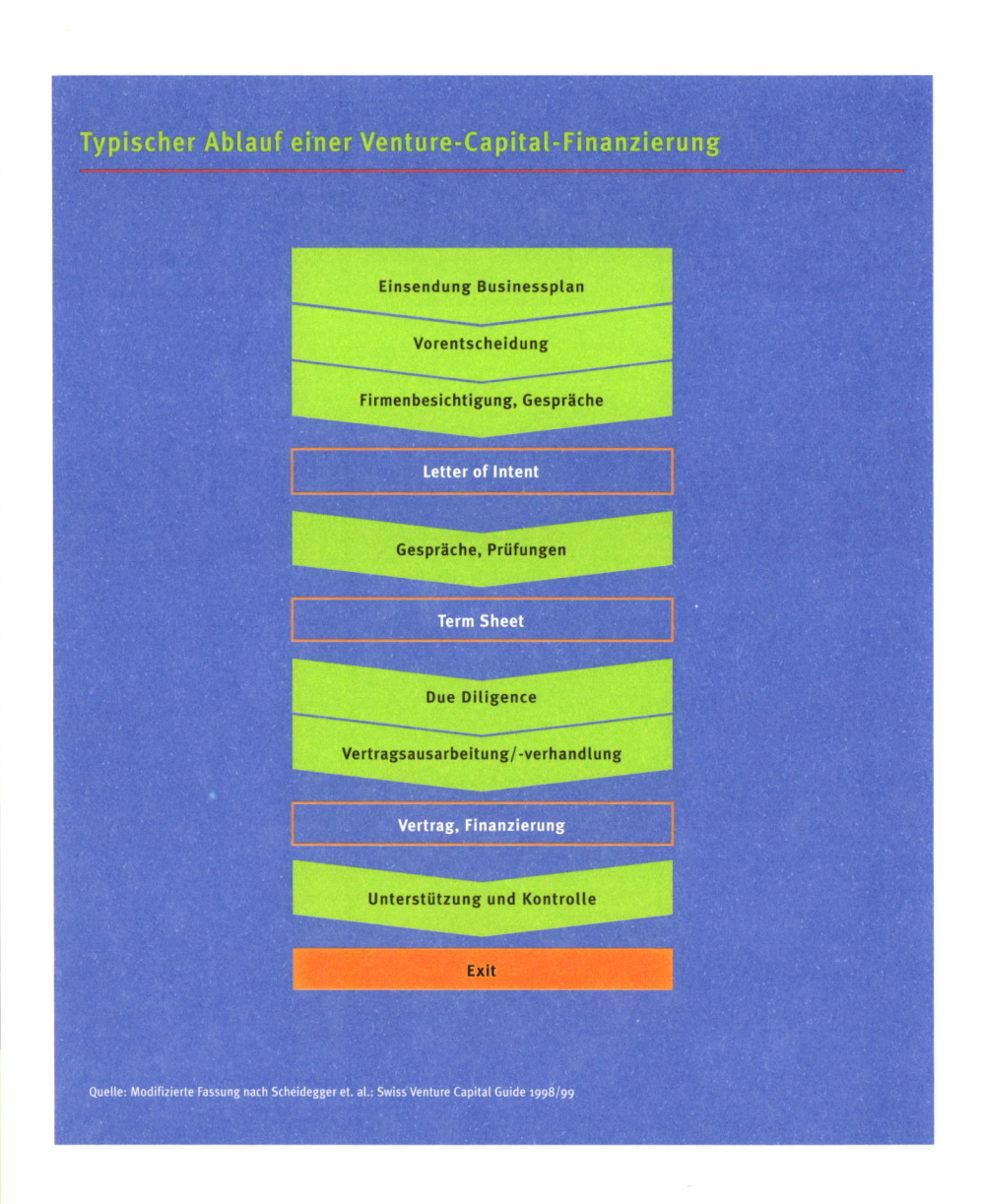

**Typischer Ablauf einer Venture-Capital-Finanzierung**

- Einsendung Businessplan
- Vorentscheidung
- Firmenbesichtigung, Gespräche
- Letter of Intent
- Gespräche, Prüfungen
- Term Sheet
- Due Diligence
- Vertragsausarbeitung/-verhandlung
- Vertrag, Finanzierung
- Unterstützung und Kontrolle
- Exit

Quelle: Modifizierte Fassung nach Scheidegger et. al.: Swiss Venture Capital Guide 1998/99

Nach ersten Prüfungen wird in der Regel ein Vorvertrag abgeschlossen, ein sogenanntes Term Sheet (Beispiel Seite 178–180). Es legt die finanziellen Aspekte der Beteiligung fest, also Höhe und Form der Einlage sowie den daraus folgenden Anteil des Kapitalgebers am Unternehmen, und regelt weitere wichtige Punkte wie

- Kontroll-, Informations- und Mitbestimmungsrechte
- Mögliche Haftungsbeschränkungen der Vertragspartner und Vertraulichkeitserklärung
- Form und Intensität der Managementunterstützung
- Ausgestaltung möglicher Gewinnausschüttungen, Stock-Option-Pläne, Verfügungsrechte und Kapitalerhöhungen
- Bindungsdauer des Kapitalgebers (Exit), Veräusserungs- bzw. Kündigungsrechte
- Verfahren bei zusätzlichen Finanzierungen.

Bevor er sich für ein Engagement entscheidet, wird der Investor das Unternehmen nochmals im Detail beurteilen – man spricht von der sogenannten Due-Diligence-Prüfung. Wenn alle Gremien des Investors dem Vorvertrag zustimmen, offene Fragen in Verhandlungen geklärt sind und das Team die im Term Sheet genannten Voraussetzungen erfüllt, gelangt die Finanzierungsphase mit der Unterzeichnung des sogenannten Aktionärsbindungsvertrags zum Abschluss (Closing). Eines der wichtigsten Elemente in diesem ganzen Prozess ist das gegenseitige Vertrauen, leitet der Deal doch eine intensive Zusammenarbeit ein, die über Jahre dauert.

# Term Sheet
## zwischen Venture Capital Example und Start-up Company

Nachfolgend sind die wesentlichen Bestandteile hinsichtlich eines Erwerbs von Venture Capital Example – im folgenden VCE – an der Start-up Company – im folgenden SUC – dargestellt. Eine endgültige Einigung hängt von der Erfüllung der in diesem Vorvertrag genannten Voraussetzungen ab. Dieser Vorvertrag basiert auf den Informationen, die im Projektplan vom ... 1998 enthalten sind, sowie auf weiteren Dokumenten im Anhang.

*Gesellschaft:* Die Rechtsform von SUC wird ... sein. Sitz der Gesellschaft ist... Der zuständige Gerichtsstand ist ...

*Placement und zusätzliche Finanzierungen:* VCE wird SUC Mittel in Höhe von ... DM zur Verfügung stellen; dies entspricht einer Anzahl Anteile von .... mit einem Wert von ... pro Anteil.

Ebenso steht den Gründern offen, eine Investition von ... DM zu machen. Hierfür gelten die gleichen wirtschaftlichen Bedingungen wie die der VCE.

Bei zukünftigen Finanzierungen wird ...

- ❖ Regelung des Entscheidungsprozesses
- ❖ Regelung bzgl. Neuverteilung/Adjustierung der Anteile

*Geschäftsanteile:* Unter der Annahme, dass sowohl die Gründer als auch der Investor ihre Investitionen tätigen, werden unabhängig von der gewählten Rechtsform die Anteile der Gesellschaft wie folgt verteilt:

Gründer: ...%

Investor: ...%

*Gewinnverwendung:* Bezüglich der Verwendung zukünftiger Gewinne wurde vereinbart ...

*Stock-Option-Plan:* Auf Basis eines Stock-Option-Planes sollen an den Vorstand, die Aufsichtsgremien und die Mitarbeiter bis zu ...% des Stammkapitals zugeteilt werden (entsprechende Regelung siehe Anhang). Das Sonderkündigungsrecht für die Stock-Options gilt ... Jahre.

| | |
|---|---|
| *Aktionärsbindungsvertrag:* | Anlässlich des Closings werden die Gesellschafter einen Aktionärsbindungsvertrag vereinbaren, der nachfolgende Punkte umfasst: |

- Verteilung der Stimmrechte in der Gesellschafterversammlung und Regelung des Vetorechts
- Vorerwerbsrechte der Gesellschafter
- Regelungen bezüglich Mitveräusserungen
- Regelungen über das Einziehen von Geschäftsanteilen
- Vertragsabreden und Wirksamkeit des Vertrages

| | |
|---|---|
| *Geschäftsführung:* | Herr/Frau ... wird zum Geschäftsführer/zur Geschäftsführerin der Gesellschaft ernannt |
| *Unternehmerteam:* | Gründer der SUC sind .... |
| *Aufsichtsgremium:* | Dem Aufsichtsgremium der Gesellschaft gehören bis zur weiteren Regelung ... Mitglieder an. VCE hat das Recht, ... Mitglieder zu bestimmen, von SUC werden ... Personen benannt. Darüber hinaus werden ... Personen als unabhängige Sachverständige dem Gremium angehören, die einvernehmlich von VCE und SUC bestimmt werden. |
| *Verfügungsrechte:* | Bei sämtlichen Verfügungen, Abtretungen und Verkäufen von Geschäftsanteilen der Gesellschaft wird nach folgendem Entscheidungs- und Zustimmungsprozess verfahren: |

- ...

| | |
|---|---|
| *Vorerwerbsrechte:* | Wünscht ein Gesellschafter seine Anteile abzutreten, so ist der Abtretende verpflichtet, die Anteile, die er übertragen möchte, zunächst den übrigen Gesellschaftern anzubieten. Sollten die übrigen Gesellschafter dieses Angebot nicht oder nur teilweise annehmen, so wird ... |
| *Mitveräusserungsregelung:* | Besteht von Dritten ein Kaufinteresse, so ist das weitere Vorgehen entsprechend den nachfolgenden Punkten geregelt: |

- Regelung des Entscheidungsprozesses
- Dauer der Regelung

| | |
|---|---|
| ***Regelungen zu Patenten und sonstigen Schutzrechten:*** | Bezüglich der Patente und sonstiger im Zusammenhang mit der Tätigkeit für die Gesellschaft oder im Tätigkeitsbereich der Gesellschaft gemachter Erfindungen und daraus resultierender Schutzrechte der Gesellschaft wurde vereinbart: <br><br> ❖ Informationsrechte/-pflichten <br><br> ❖ Eigentumsrechte an den Patenten/Schutzrechten |
| ***Vertraulichkeitserklärung:*** | Die Gründer, der Investor und alle Mitglieder des Aufsichtsgremiums sowie … sollen Vertraulichkeit wahren und dazu eine entsprechende Vertraulichkeitserklärung unterzeichnen. |
| ***Besondere Vereinbarungen:*** | Einvernehmlich wurden zu nachfolgenden Punkten Vereinbarungen getroffen: <br><br> ❖ Strafen bei Verstoss gegen getroffene Vereinbarungen <br><br> ❖ Verhandlungen mit Dritten <br><br> ❖ Ggf. Exklusivität <br><br> ❖ … |
| ***Closing:*** | Der Abschluss dieser Transaktion (im folgenden „Closing"), auf den sich beide Vertragsparteien einigen, soll bis spätestens …. erfolgt sein. <br><br> Als Voraussetzung für das Closing wurde vereinbart: <br><br> ❖ Verfügbarkeit und Richtigkeit von Unterlagen und Informationen <br><br> ❖ Genehmigungsprozess vor dem Vertragsabschluss <br><br> ❖ Abschluss von Teilvereinbarungen (z.B. Patente) <br><br> ❖ … |
| ***Kosten:*** | Im Falle eines Closings trägt … alle Rechtskosten und andere Ausgaben im Zusammenhang mit dem Vertragsabschluss. |

## DIE UNTERNEHMENSBEWERTUNG

Venture Capitalists machen sich aufgrund ihrer Erfahrung mit Bewertungen schnell ein Bild davon, was ein Unternehmen wert ist und welchen Anteil sie fordern. Der Venture Capitalist geht also mit ganz klaren Vorstellungen in die Verhandlungen. Ihr Unternehmerteam kann höchstwahrscheinlich nicht auf solche Erfahrungen zurückgreifen. Machen Sie sich deshalb Ihr eigenes Bild vom Wert Ihres Unternehmens, und überlegen Sie sich, wie hoch und in welcher Form der Anteil des Kapitalgebers sein soll. Dazu müssen Sie eigene Abschätzungen machen.

### Vorgehen des Venture Capitalists

Bei der Beurteilung eines Start-ups stützt sich der Venture Capitalist im Normalfall auf folgende Kriterien:

- Ist das Unternehmerteam erfahren, fähig und bereit, die Planung umzusetzen und persönliche Risiken zu tragen?
- Ist der Markt wachstumsfähig und attraktiv? Bietet das Produkt eine Plattform für spätere Entwicklungen?
- Ist der Wettbewerbsvorteil nachhaltig und ausbaufähig?
- Sind die Strategie und die operationelle Planung überzeugend?
- Inwieweit ist die Umsetzung fortgeschritten, und was sind erste Erfolge (z.B. Patente oder Kunden)?
- Ist die erwartete Rendite realisierbar und eine spätere Veräusserung möglich?

Der Venture Capitalist wird diese Kriterien detailliert prüfen und entscheiden, inwieweit Ihr Unternehmen jedes einzelne erfüllt. Wieviel das Unternehmen wert ist, wird in der Regel ganz pragmatisch nach Erfahrungswerten und der jeweiligen Wettbewerbssituation der Kapitalgeber entschieden. Je nach Branche und „Lebensphase" eines Start-ups unterscheiden sich diese Werte deutlich. Die nachstehende Tabelle zeigt beispielhaft Anhaltspunkte für Start-ups im Bereich Informationstechnologie und Life Science. Beachten Sie dabei, dass dies Werte für schnell wachsende, erfolgreiche

## Mögliche Wertentwicklung schnell wachsender IT-Start-ups in Deutschland

| Entwicklungsphasen<br>Finanzierungsrunden | Seed | Start-up<br>First stage | Expansion<br>Second stage | Later stage | IPO oder<br>Verkauf | Gesamt |
|---|---|---|---|---|---|---|
| Unternehmenswert<br>(Pre-Money)<br>in Mio. DM | – | 1–40 | 30–160 | 100–430 | 170–1000 | 170–1000 |
| Einlage<br>in Mio. DM | 0,5–1 | 1–10 | 10–20 | 20–30 | 20–40 | 50–100 * |
| Unternehmenswert<br>(Post–Money)<br>in Mio. DM | – | 2–50 | 40–180 | 120–460 | 190–1040 | 190–1040 |
| Unternehmensanteil<br>Investor | – | 20–50% | 30–50% | 35–70% | 40–75% | 40–75% |
| Unternehmensanteil<br>Unternehmerteam | 100% | 50–80% | 50–70% | 30–65% | 25–60% | 25–60% |
| Wert Anteil<br>Unternehmerteam<br>in Mio. DM | – | 1–40 | 20–125 | 40–290 | 50–620 | 50–620 |
| Dauer der Phase<br>Jahre | 1–2 | 1–2 | 1–2 | 1–2 | – | 4–8 * |

\* Kumuliert über den Gesamtzeitraum
Quelle: McKinsey New Venture, Frühjahr 1999

Unternehmen sind, die in sehr dynamischen Branchen operieren und früh reif für den Börsengang sind. Solche Werte können sich angesichts der Dynamik in diesem Bereich zudem schnell ändern. Die angegebenen Bandbreiten verdeutlichen, dass von Unter-

## Mögliche Wertentwicklung schnell wachsender Life-Science-Start-ups in Deutschland

| Entwicklungsphasen Finanzierungsrunden | Seed | Start-up First stage | Expansion Second stage | Later stage | IPO oder Verkauf | Gesamt |
|---|---|---|---|---|---|---|
| **Unternehmenswert (Pre-Money)** in Mio. DM | – | 10–70 | 70–260 | 150–620 | 250–1400 | 250–1400 |
| **Einlage** in Mio. DM | 0,5–1 | 10–20 | 20–40 | 30–50 | 40–80 | 100–190 * |
| **Unternehmenswert (Post–Money)** in Mio. DM | – | 20–90 | 90–300 | 180–670 | 290–1500 | 290–1500 |
| **Unternehmensanteil Investor** | – | 20–50% | 35–50% | 40–70% | 50–80% | 50–80% |
| **Unternehmensanteil Unternehmerteam** | 100% | 50–80% | 50–65% | 30–60% | 20–50% | 20–50% |
| **Wert Anteil Unternehmerteam** in Mio. DM | – | 10–70 | 45–200 | 50–400 | 50–750 | 50–750 |
| **Dauer der Phase** Jahre | 1–3 | 1–2 | 2–3 | 2–3 | – | 6–11 * |

\* Kumuliert über den Gesamtzeitraum
Quelle: McKinsey New Venture, Frühjahr 1999

nehmen zu Unternehmen grosse Unterschiede bestehen. Je nachdem, wie gut es die genannten Kriterien erfüllt, wird der Venture Capitalist das Start-up eher am oberen oder am unteren Ende des für die jeweilige Branche typischen Wertebereichs ansiedeln.

### Eigene Berechnung des Unternehmenswertes

Unter dem Begriff „Unternehmenswert" wird gemeinhin der Marktwert des Eigenkapitals (Equity Value) verstanden. Ein erstes Gefühl dafür, wie hoch Venture Capitalists Unternehmen bewerten, können Sie von „Kollegen" bekommen: Sprechen Sie mit anderen Unternehmerteams, die vor kurzem Kapital aufgenommen haben.

Sie sollten aber auch selbst rechnen. Da es bei Start-ups keinen Börsenwert gibt, ist ihr Marktwert nur indirekt zu bestimmen, d.h. über eine sogenannte Unternehmensbewertung oder Valuation. Einige Investoren bezweifeln den Sinn solcher Berechnungen und weisen darauf hin, dass die berechneten Grössen zu unrealistischen Erwartungen führen können; denn unabhängig davon, was Sie berechnen, ist Ihr Unternehmen nur so viel wert, wie ein Investor nach der Verhandlung dafür zu zahlen bereit ist! Deshalb geht es bei Ihren eigenen Berechnungen weniger darum, selbst den „richtigen" Wert Ihres Unternehmens zu bestimmen, als vielmehr darum, ein Gefühl für die Faktoren zu bekommen, die den Unternehmenswert bestimmen. Gehen Sie dabei von der Devise aus, dass der Weg das Ziel ist.

Darüber hinaus können Sie sich durch eigene Berechnungen im Unternehmerteam frühzeitig Klarheit darüber verschaffen, wieviel Prozent des Unternehmens Sie vermutlich an Externe „verkaufen" sollten. Sie können Finanzierungsmöglichkeiten durchspielen und Alternativen berücksichtigen. Letztlich also Ihre Verhandlungsposition auf Fakten basierend sicherer vertreten. Halten Sie Ihren Aufwand jedoch in Grenzen – Sie benötigen Ihre Zeit in dieser Phase vor allem für den Geschäftsaufbau!

In Theorie und Praxis werden verschiedene Verfahren zur Unternehmensbewertung kombiniert. Die Dynamik bei Start-ups ist häufig so gross, dass es leicht zu Fehlschlüssen kommen kann, wenn nur nach einem Verfahren vorgegangen wird. Verwenden Sie:

- ◆ Die Discounted-Cashflow-Methode (DCF)
- ◆ Das Abschätzen mit Multiples.

Im folgenden wird die Mechanik der beiden Berechnungsarten vereinfacht an einem fiktiven jungen Unternehmen aus dem IT-Bereich mit nachstehenden Zahlen dargestellt. Die einzelnen Vorgehensschritte sind in separaten Kästchen nachzulesen.

### Unternehmenszahlen Beispiel IT-Start-up

in Tausend DM

| Jahr | 1 | 2 | 3 | 4 | 5 |
|---|---|---|---|---|---|
| Freie Cashflows | −1'960 | −660 | −150 | 380 | 880 |
| Reingewinn (Jahresüberschuss) | −1'580 | −1'490 | −640 | 340 | 905 |

## Berechnen mit Discounted Cashflows (DCF)

Aus Sicht der Kapitalgeber ist bei einer Unternehmensbewertung nicht der Substanzwert des Unternehmens (Geräte, Büros u.ä.) relevant, sondern lediglich die erwarteten Cashflows, die mit der Substanz erwirtschaftet werden. Cashflows sind Zahlungsmittel, die Investoren einmal als Früchte ihrer Investition entnehmen können. Diese Betrachtung ist somit stark zukunftsgerichtet. Das können Sie gelegentlich auch an der Börse beobachten: Der Kurs eines Unternehmens sinkt, obwohl es derzeit erfolgreich ist – die Investoren gehen davon aus, dass die Cashflows in der Zukunft unter den erwarteten Prognosen liegen. Auch der Reingewinn (Jahresüberschuss) ist aus Investorensicht für die Wertbestimmung nur insoweit von Bedeutung, als er eine genauere Schätzung der Cashflows ermöglicht.

Nach der DCF-Methode werden zunächst alle zukünftigen Freien Cashflows (siehe Kasten DCF-Methode) bestimmt, diskontiert und aufsummiert. Ergebnis dieser Methode ist der Entity Value, d.h. der Wert des Eigen- und des Fremdkapitals. Den Unternehmenswert (Equity Value) erhalten Sie nach Abzug des Fremdkapitals.

## Unternehmensbewertung nach DCF-Methode

in Tausend DM

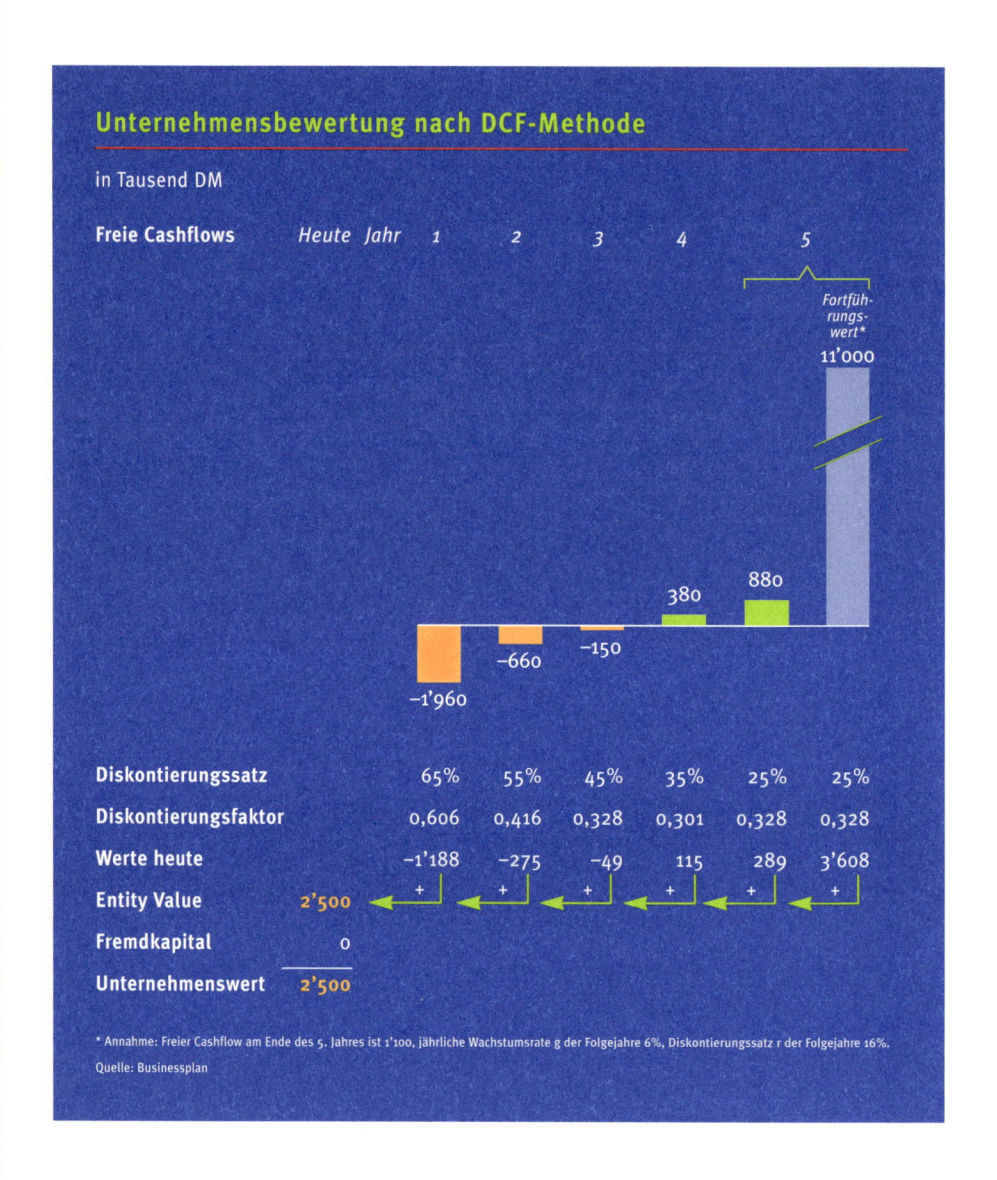

| Freie Cashflows | Heute | Jahr | 1 | 2 | 3 | 4 | 5 | |
|---|---|---|---|---|---|---|---|---|
| | | | | | | | | Fortführungswert* |
| | | | | | | | | 11'000 |
| | | | | | | 380 | 880 | |
| | | | −660 | −150 | | | | |
| | | | −1'960 | | | | | |
| Diskontierungssatz | | | 65% | 55% | 45% | 35% | 25% | 25% |
| Diskontierungsfaktor | | | 0,606 | 0,416 | 0,328 | 0,301 | 0,328 | 0,328 |
| Werte heute | | | −1'188 | −275 | −49 | 115 | 289 | 3'608 |
| Entity Value | 2'500 | | + | + | + | + | + | + |
| Fremdkapital | 0 | | | | | | | |
| Unternehmenswert | 2'500 | | | | | | | |

\* Annahme: Freier Cashflow am Ende des 5. Jahres ist 1'100, jährliche Wachstumsrate g der Folgejahre 6%, Diskontierungssatz r der Folgejahre 16%.
Quelle: Businessplan

Cashflows fallen typischerweise zu unterschiedlichen Zeitpunkten an, wie in der Grafik dargestellt. Sie einfach zu addieren wäre vergleichbar mit dem sprichwörtlichen Zusammenzählen von Äpfeln und Birnen. Zukünftige Werte müssen deshalb auf den aktuellen Wert zurückgerechnet – diskontiert – werden (vgl. Kapitel 8, Seite 125ff.). Auf unser Beispielunternehmen übertragen, ergibt die Diskontierung der zukünftigen Cashflows auf den aktuellen Zeitpunkt den in der Grafik dargestellten Unternehmenswert von ca. 2,5 Mio. DM.

Eine kontroverse Grösse bei der Diskontierung ist der Diskontierungssatz r. Er hängt in der Gründungsphase im wesentlichen von den Rentabilitätserwartungen der Investoren, den Risiken des Unternehmens und den Renditen vergleichbarer Anlagen ab. Venture Capitalists setzen als Diskontierungssatz häufig die von ihnen erwartete Rendite ein: je nach Umsetzungsstand, Industrie und erkannten Risiken zwischen 30% und 75%. Als Merkregel gilt: Je höher das Risiko und damit die erwartete Rendite, um so geringer der aktuelle Unternehmenswert.

Venture Capitalists begründen diesen – auf den ersten Blick vielleicht hohen – Diskontierungssatz damit, dass

- neu gegründete Firmen ein hohes Risiko aufweisen
- Aktien von Start-ups im Vergleich zu börsenkotierten Werten kaum handelbar, d.h. wenig liquide, sind
- sie das Unternehmerteam während ihrer Investitionszeit intensiv betreuen und beraten
- die oftmals optimistischen Prognosen der Unternehmensgründer korrigiert werden müssen.

Überlegen Sie deshalb vor den Verhandlungen, welche der im Businessplan dargestellten Risiken Sie durch Ihr unternehmerisches Handeln bereits vermeiden oder reduzieren konnten.

Für Start-ups in der Anfangsphase ist die DCF-Methode nicht unproblematisch: Junge Unternehmen weisen typischerweise zunächst negative Cashflows und eine hohe Unsicherheit bei den Prognosen auf, weil Vergangenheitswerte fehlen. Wenden Sie diese Methode dennoch an: Sie lernen dabei die impliziten Annahmen Ihres Businessplans und die Grössen, die den Unternehmenswert beeinflussen, besser kennen und verstehen. Zusammen mit den Resultaten der Abschätzung mit Multiples und den Erfahrungswerten aus Gesprächen mit Kollegen können Sie die Bandbreite für Ihren Unternehmenswert genauer definieren.

In der späteren Wachstumphase wird die hier beschriebene DCF-Methode nicht mehr ausreichen, da sich Kapitalstruktur (z.B. durch Aufnahme von Fremdkapital), Steuersatz und Wachstumsrate Ihres Unternehmens zunehmend verändern. Ausführliches zur verfeinerten DCF-Methode finden Sie zum Beispiel im Standardwerk „Unternehmenswert" von Copeland, Koller, Murrin (siehe Literaturverzeichnis).

### Discounted-Cashflow-Methode (DCF)

Im Businessplan haben Sie bereits Ihre Cashflows berechnet. Auf der Basis dieser Grössen wird im Rahmen der DCF der Unternehmenswert durch die Summe der diskontierten Cashflows abzüglich des Fremdkapitals bestimmt.

#### 1. Den aktuellen Wert zukünftiger Cashflows bestimmen

- Legen Sie den Zeitraum fest, für den Sie annähernd sichere Prognosen für die Cashflows machen können (Prognosezeitraum). Bei Start-ups wird dies typischerweise ein Zeitraum von 5 bis maximal 10 Jahren sein.

- Bestimmen Sie die Freien Cashflows für diese Jahre. Diese sind identisch mit dem im Businessplan mittels indirekter Herleitung berechneten operativen Cashflow (siehe S. 138).

- Legen Sie für jedes Jahr einen Diskontierungssatz r fest, der das Risiko widerspiegelt. In jedem folgenden Jahr reduziert sich dieser Satz um 5–15 Prozentpunkte, da die anfänglichen Risiken stetig abnehmen (Beispiel: $r_1 = 65\%$, $r_2 = 55\%$, …). Am Ende des Prognosezeitraums wird er typischerweise nicht mehr als 10–20% betragen.

- Bestimmen Sie den Diskontierungs*faktor* für jedes Jahr nach der Formel:
  Diskontierungs*faktor* = $\frac{1}{(1+r)^t}$ wobei r = Diskontierungssatz in Prozent und t das Jahr ist, in welchem z.B. der Cashflow erfolgt.

  In unserem Beispiel ist der Diskontierungs*faktor* für die ersten Jahre:
  $$\frac{1}{(1+0,65)}, \frac{1}{(1+0,55)^2}, \frac{1}{(1+0,45)^3}, \ldots$$

- Der heutige Wert jedes Freien Cashflows ergibt sich für die einzelnen Jahre, indem der jeweilige Freie Cashflow mit dem Diskontierungs*faktor* des entsprechenden Jahres multipliziert wird.

## Discounted-Cashflow-Methode (DCF), *Fortsetzung*

### 2. Den Fortführungswert berechnen

- Um die Cashflows auch nach dem Prognosezeitraum zu berücksichtigen, wird ein sogenannter Fortführungswert verwendet. Dieser wird annäherungsweise durch folgende Formel bestimmt:

$$FW_t = \frac{FCF_t \ (1+g)}{r-g}$$

wobei $FCF_t$ = Freie Cashflows am Ende des letzten Prognosejahres (im Beispiel $t = 5$), $r$ = Diskontierungssatz, und $g$ = jährliche Wachstumsrate der Cashflows für die Zeit danach (im Beispiel gemäss Annahme 6%) sind. Da dieser Fortführungswert am Ende des 5. Jahres bzw. Anfang des 6. Jahres anfällt, muss er mit dem entsprechenden Diskontierungssatz ($r$) des 5. Jahres diskontiert werden, d.h., multiplizieren Sie den Fortführungswert mit $\frac{1}{(1,25)^5}$

### 3. Den eigentlichen Unternehmenswert (Equity Value) bestimmen

- Der Unternehmenswert ergibt sich aus der Summe aller diskontierten Cashflows des Prognosezeitraums zuzüglich des Fortführungswertes und abzüglich des Fremdkapitals (siehe Grafik DFC-Methode).

## Abschätzen mit Multiples

Der Unternehmenswert kann näherungsweise auch mit Hilfe von „Vergleichswerten" von bereits etablierten Unternehmen, sogenannten Multiples, berechnet werden. Ein möglicher Vergleichswert ist das Kurs-Gewinn-Verhältnis (KGV), weitere sind im Kasten „Multiples" auf Seite 191 aufgeführt. Generell multiplizieren Sie nach diesem Verfahren die relevante Grösse Ihres Unternehmens (z.B. den Reingewinn) mit dem entsprechenden Multiple. Sie erhalten damit den Unternehmenswert (Equity Value) am Ende des Anlagehorizonts Ihres Investors, dem sogenannten Exitzeitpunkt (der Anlagehorizont ist typischerweise 5 bis 10 Jahre). Danach wird der Wert auf den aktuellen Unternehmenswert diskontiert.

### Unternehmensbewertung mittels Multiples

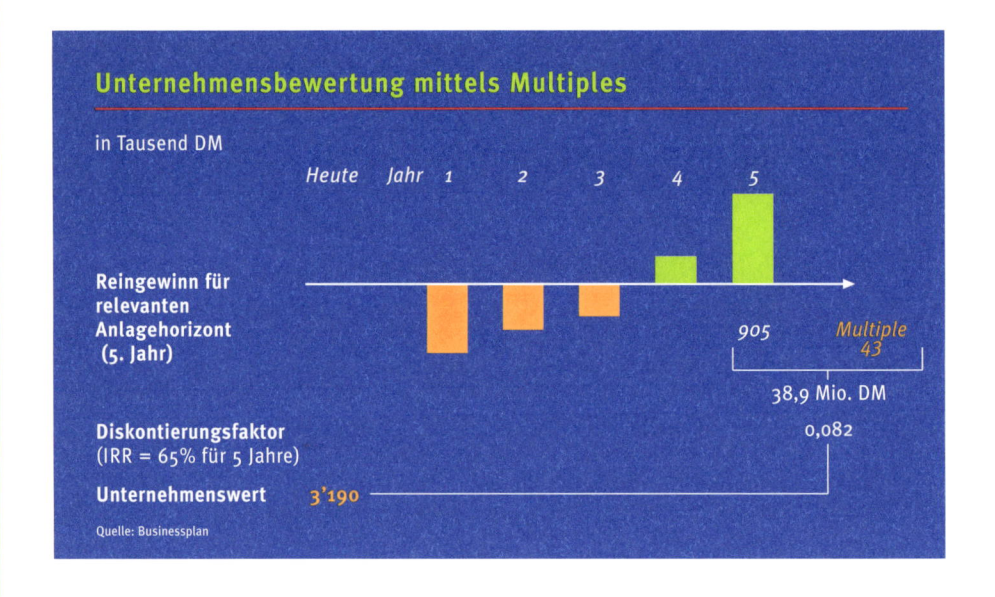

in Tausend DM

| | Heute | Jahr 1 | 2 | 3 | 4 | 5 |

Reingewinn für relevanten Anlagehorizont (5. Jahr)

905    Multiple 43

38,9 Mio. DM

Diskontierungsfaktor (IRR = 65% für 5 Jahre)    0,082

Unternehmenswert    3'190

Quelle: Businessplan

Im Falle unseres IT-Beispielunternehmens finden sich im Markt zwei vergleichbare Unternehmen mit einem KGV von 37 und 49. Für die Berechnung wird der Durchschnitt von 43 verwendet. Zum Vergleich: Der Durchschnittswert (Median) der KGVs am Neuen Markt (Frankfurt) lag Ende 1998 bei ca. 40. Multipliziert mit dem Reingewinn z.B. im 5. Jahr, ergibt sich ein zukünftiger Unternehmenswert von ca. 39 Mio. DM im 5. Jahr. Weil bei diesem Vorgehen nur ein einziger Wert diskontiert wird, muss der Diskontierungssatz das gesamte Risiko widerspiegeln: In unserem Beispiel werden 65% als erwartete Rendite eingesetzt. Diskontiert ergibt sich ein aktueller Wert des Unternehmens von ca. 3,2 Mio. DM.

# Multiples

Der Unternehmenswert wird häufig auch aufgrund von Vergleichswerten von etablierten Unternehmen – sogenannten Multiples – annäherungsweise berechnet. Oft verwendete Multiples sind das Kurs-Gewinn-Verhältnis (KGV) und das Marktwert-Umsatz-Verhältnis.

## 1. Zukünftigen Unternehmenswert durch Multiple bestimmen

- Suchen Sie im Markt nach Firmen, die Ihrem Unternehmen möglichst ähnlich sind, zum Beispiel hinsichtlich Branche, Produktangebot, Risiko, Wachstumsrate, Kapitalstruktur und Cashflow-Prognosen. Gute Quellen sind die Geschäftsberichte börsenkotierter Unternehmen oder die „Analystenberichte" der Banken.

- Bilden Sie für die Vergleichsunternehmen das gewünschte Multiple für das Jahr, in dem das Vergleichsunternehmen an die Börse geführt wurde, z.B. das KGV. Voraussetzung für die Verwendung des KGV ist jedoch, dass der Gewinn positiv ist.

$$KGV = \frac{P}{G}, \text{ wobei } G = \frac{\text{Reingewinn}}{\text{Anzahl Aktien}} = \text{Gewinn pro Aktie, und } P = \text{aktueller Börsenkurs}$$

Haben Sie mehrere Unternehmen identifiziert, können Sie den Durchschnitt bilden. Überlegen Sie, aus welchen Gründen Ihr Multiple im Jahr der Börseneinführung höher, aber auch niedriger sein kann, und passen Sie das Multiple gegebenenfalls an.

- Multiplizieren Sie den in Ihrem Finanzplan ausgewiesenen Reingewinn zum Exitzeitpunkt des Anlegers mit dem Vergleichs-KGV. Der zukünftige Unternehmenswert UW ist KGV x Reingewinn.

- Rechnen Sie zum Vergleich auch mit weiteren Multiples, z.B.

$$UW = \frac{\text{Marktwert des EK}}{\text{Umsatz i}} \times \text{Umsatz j,}$$

wobei i = Vergleichsunternehmen und j = Ihr Unternehmen ist oder

$$UW = \frac{\text{Marktwert des EK}}{\substack{\text{Durchschnittliche Anzahl „Klicks" i} \\ \text{auf die Homepage pro Woche}}} \times \text{Anzahl „Klicks" j pro Woche,}$$

Mögliche Multiples ergeben sich auch aus dem Verhältnis von Marktwert des EK zur Anzahl Kunden, zur Anzahl Mitarbeiter oder zu den F+E-Kosten.

## Multiples, *Fortsetzung*

**2. Unternehmenswert auf aktuellen Wert diskontieren**

- Die berechneten Zahlen sind die Unternehmenswerte im Exitjahr Ihres Kapitalgebers (z.B. das 5. Jahr). Legen Sie einen dem Risiko entsprechenden Diskontierungssatz (r) fest, und berechnen Sie den entsprechenden Diskontierungsfaktor, z.B.

$$\frac{1}{(1 + 0{,}65)^5}$$

- Der aktuelle Unternehmenswert (Equity Value) ergibt sich bei den Multiples durch die Multiplikation des berechneten zukünftigen Unternehmenswertes mit dem Diskontierungsfaktor.

## Synthese der verschiedenen Unternehmenswerte

Aufgrund der Berechnungen gewinnen wir folgende Unternehmenswerte:

### Errechneter Equity Value

| | |
|---|---|
| Discounted Cashflow | ca. 2,5 Mio. DM |
| Multiples mit Durchschnittswert von Vergleichsunternehmen | ca. 3,2 Mio. DM |
| **Durchschnitt beider Vorgehen** | **ca. 2,9 Mio. DM** |

Der so berechnete Bereich für den Unternehmenswert (Post-Money) von rund 2,5 Mio. bis 3,2 Mio. DM ergibt einen guten Anhaltspunkt für Gespräche mit Kapitalgebern. Dieser Wert ist insofern realistisch, als wir annehmen, dass es sich beim Beispiel-IT-Start-up um ein junges Team mit wenig Erfahrung handelt oder beispielsweise erst wenige Kunden gewonnen sind.

### So bekommen Sie ein besseres Zahlengefühl

- Berechnen Sie den Wert mit mehreren Verfahren, um das Wertspektrum klarer herauszuarbeiten, und vergleichen Sie die Resultate mit Erfahrungswerten Ihrer Branche.
- Spielen Sie verschiedene Szenarien durch, berücksichtigen Sie dabei die optimale Unternehmensentwicklung („Best case") genauso wie Verzögerungen oder andere Hindernisse im schlechtesten Szenario („Worst case").
- Überprüfen Sie Ihre Resultate wenn möglich mit Experten.
- Sprechen Sie mit anderen Unternehmerteams, die sich in einer vergleichbaren Situation befinden und bereits mit Kapitalgebern verhandelt haben.
- Überlegen Sie sich, aus welchen Gründen Sie eher am unteren oder am oberen Ende des Erfahrungswertebereichs liegen.

Halten Sie sich vor Augen, dass der Nutzen einer Bewertung wesentlich von der Plausibilität Ihrer Annahmen abhängt. Welche Annahmen haben Sie in Ihren Berechnungen implizit getroffen?

Sind Ihre Annahmen in der ersten Finanzierungsrunde zu optimistisch, und können Sie die Erwartungen später nicht erfüllen, verspielen Sie Ihre Glaubwürdigkeit: ein grosses Hemmnis für weitere Finanzierungsrunden.

### Berechnung des Kapitalgeber-Anteils

Rein rechnerisch gesehen, wird der Anteil des Investors durch die Höhe der Einlage (Finanzbedarf) und durch den aktuellen Wert Ihres Unternehmens bestimmt. Der Anteil des Kapitalgebers berechnet sich also nach der Formel

$$\frac{\text{Einlage des Kapitalgebers}}{\text{Unternehmenswert}}$$

Angenommen, ein Venture Capitalist hat Interesse, den ersten Mittelbedarf unseres Beispiel-IT-Start-ups von 1 Mio. DM zu decken. Welchen Anteil am Unternehmen wird er möglicherweise beanspruchen?

**Use a good accountant or bookkeeper, and a good lawyer, and listen to their advice. Get help in those areas in which you aren't familiar**

*Martha Johnson*
*Eigentümerin, Suppers Restaurant*

### Anteil des Kapitalgebers

| | |
|---|---|
| Post-Money-Unternehmenswert | 2,9 Mio. DM |
| Einlage | 1 Mio. DM |
| Anteil Investor | $p = \dfrac{\text{Einlage}}{\text{Post-Money-Wert}} = \dfrac{1}{2,9} = 34\%$ |
| Anteil Unternehmerteam | $1-p = 66\%$ |

Unterschiedliche Denkweisen des Venture Capitalists und des Unternehmerteams führen bei der Berechnung der Anteile gelegentlich zu Missverständnissen: Der Venture Capitalist berechnet generell zunächst den Unternehmenswert ohne die Einlage, d.h. den sogenannten „Pre-Money"-Wert. Den Venture Capitalist interessiert zunächst, was das Unternehmen allein wert ist. Anschliessend addiert er die Einlage und erhält den sogenannten „Post-Money"-Wert.

Sie dagegen erhalten automatisch den Post-Money-Wert, wenn Sie nach den hier dargestellten Verfahren (DCF und Multiples) rechnen. Ihre Cashflow- und Reingewinn-Prognosen beruhen nämlich auf der Annahme, dass das benötigte Kapital – eigenes und von externen Investoren – vorhanden ist und damit alle notwendigen und geplanten Realisierungsschritte wie Gerätekauf oder Werbekampagne umgesetzt werden können. Achten Sie darauf, dass im Gespräch beide Seiten vom gleichen Wert ausgehen.

Einige Investoren werden Ihnen eine auf „Performance" basierende Einlage anbieten: Erreichen Sie die vereinbarten Ziele (Milestones), gilt der ursprünglich berechnete Unternehmensanteil; ist Ihr Unternehmen weniger erfolgreich, wird der Unternehmensanteil des Investors nach einer Prüfung erhöht.

Vergessen Sie bei all diesen Berechnungen aber eines nicht: Letztlich ist der Wert entscheidend, auf den Sie sich in den Verhandlungen mit Ihrem Eigenkapitalgeber einigen, unabhängig davon, was Sie vorher berechnet haben. Die Berechnungen dienen Ihnen dazu, ein Wertgefühl zu entwickeln und Ihre Argumentation zu fundieren. Bleiben Sie kritisch: Fragen Sie sich nach Ihren Berechnungen einmal selbst, ob Sie bereit wären, für einen Anteil an Ihrem Unternehmen von z.B. 34% eine Einlage von 1 Mio. DM zu machen.

## DIE VERHANDLUNG

Ihr Businessplan ist ausgearbeitet, mit den Schätzungen zur Unternehmensbewertung und Eigenmittelbeschaffung haben Sie eine klarere Vorstellung über eine Beteiligung von Investoren gewonnen. Nun können Sie auf Investoren zugehen. Sind Investoren an Ihrem Unternehmen interessiert, werden sie sich ihr eigenes Bild vom Unternehmenswert machen. Für beide Seiten gilt jedoch: die ermittelten Werte sind nicht absolut zu verstehen. Sie dienen lediglich als Anhaltspunkt für einen oft langwierigen Verhandlungsprozess, in dem die Interessen zusammengeführt werden.

Die Verhandlung mit den Investoren wird gelegentlich auch als „Rennen zwischen Angst und Gier" bezeichnet – auf der einen Seite die Angst beim Unternehmerteam, die notwendige Finanzierungslücke nicht decken zu können, auf der anderen Seite der Wunsch, nicht zu viele Unternehmensanteile zu früh und zu preiswert abzugeben. Eine stufenweise Kapitalerhöhung ist deshalb vorteilhaft, wiederholte Verhandlungen damit unerlässlich. Vermeiden Sie dabei auf jeden Fall, interessierte Investoren gegeneinander auszuspielen. Sprechen Sie jedoch mit mehreren Investoren: Die Gespräche werden Ihnen schnell zeigen, in welchen Punkten Sie realistisch sind und wo Sie gegebenenfalls „über das Ziel hinausschiessen".

Wesentlich für die Verhandlungen sind fundierte Argumente und die persönliche Überzeugungskraft des Unternehmerteams, die Dringlichkeit Ihrer Kapitalbeschaffung, der Umsetzungsstand der Geschäftsidee (z.B. bestehende Kunden, Patente) sowie die Renditeerwartung des Kapitalgebers. Letztlich entscheidend sind zwei Faktoren:

1. Wie gross ist die „Nachfrage" nach Ihrem Unternehmen? Dies hängt davon ab, wie viele Kapitalgeber Sie für Ihr Unternehmen interessieren konnten und wie realistisch Ihre Forderungen sind. Ein überzeugender Businessplan, der durch ein engagiertes und kompetentes Unternehmerteam präsentiert wird, ist dabei das wirkungsvollste Kommunikationsmittel.

2. Inwieweit gelingt es Ihnen, die Investoren von Ihren Vorstellungen zu überzeugen? Versetzen Sie sich bei der Vorbereitung und während der Verhandlungen in die Lage Ihres Gesprächspartners: Je besser Sie ihre jeweiligen Anliegen verstehen, um so eher kommen Sie zu einer für beide Seiten tragfähigen Lösung. Zeigen Sie auch Kompromissbereitschaft. Ein Engagement von Investoren dauert in der Regel 5–8 Jahre. Gegenseitiges Vertrauen ist deshalb entscheidend. Der beste Investor ist nicht automatisch derjenige, der Ihnen das meiste Geld für die wenigsten Unternehmensanteile bietet. Die Qualität der Unterstützung (das „Smart Money") kann für den Erfolg Ihres Unternehmens eine sehr grosse Bedeutung haben. Wägen Sie die verschiedenen Angebote sorgfältig ab.

Ein Deal kann sehr kompliziert werden. Es empfiehlt sich auf jeden Fall, mit erfahrenen Unternehmern Kontakt zu suchen, den fachkundigen Rat von Treuhändern, Steuerberatern und Anwälten – vor allem nach der Unterzeichnung des Term Sheet – einzuholen. Lassen Sie sich durch komplexe Konstruktionen nicht abschrecken; meistens haben diese legitime Gründe (z.B. Steuerersparnisse, Kontrolle über die investierten Gelder). Bestehen Sie jedoch darauf, den Deal in allen Details genau zu verstehen.

## KAPITALERHÖHUNGEN MIT WEITEREN INVESTOREN

Ihr Unternehmen wird vermutlich auch in den nächsten Jahren Kapital aufnehmen müssen, um die weitere Entwicklung zu finanzieren. Die Eigenmittelbeschaffung ist somit kein einmaliger Vorgang. Kapitalaufstockungen und Verhandlungen wiederholen sich in dieser Wachstumsphase.

Bei weiteren Kapitalerhöhungen müssen Sie Ihr Unternehmen erneut bewerten, die Anteile bestimmen und sich vertraglich mit dem Investor einigen.

### Vorgehen bei weiteren Kapitalerhöhungen

Angenommen, unser Beispielunternehmen will nach eineinhalb Jahren 2 Mio. DM von einem weiteren Investor B aufnehmen.

◆ Bestimmen Sie die relevanten Werte – je nach Methode z.B. die Freien Cashflows für die nächsten Jahre, den Reingewinn oder den Umsatz – und die Diskontierungssätze für den beabsichtigten Anlagehorizont neu. Dadurch berücksichtigen Sie die bisherige Unternehmensentwicklung. Berechnen Sie den aktuellen Unternehmenswert wie beschrieben.

*Beispiel:* Auf Basis der erneut berechneten Werte für den Prognosezeitraum ergibt sich ein Post-Money-Unternehmenswert von ca. 10 Mio. DM.

◆ Bestimmen Sie die *wertmässigen* Anteile nach der Einlage.

*Beispiel:* 10 Mio. DM ist das Unternehmen wert, 2 Mio. DM davon gehören Investor B. Von den verbleibenden 8 Mio. DM gehören Ihrem Unternehmerteam 5,3 Mio. DM (bisheriger Anteil von 66% multipliziert mit 8 Mio.) und Investor A 2,7 Mio. DM.

◆ Bestimmen Sie die *prozentualen* Anteile nach der Einlage.

*Beispiel:* Investor A hält 27% (2,7 an 10 Mio. DM), Investor B 20% (2 Mio. an 10 Mio. DM), und Sie halten 53%.

Wiederholen Sie diese Vorgehensweise bei jeder weiteren Kapitalerhöhung.

Ihr Unternehmensanteil nimmt bei weiteren Kapitalaufnahmen mit jeder Einlage ab. Nach der zweiten Einlage halten Sie im Beispiel zwar nur noch 53%. Dies sollte Sie aber nicht beunruhigen: Ihr kleinerer prozentualer Anteil entspricht einem höheren absoluten Wert – die Einlagen finanzieren Ihr Wachstum.

### Checkliste Eigenmittelbeschaffung

*Geben Ihre Überlegungen und Berechnungen Antwort auf folgende Fragen?*

- ❏ Wer sind die Investoren, mit denen Sie verhandeln wollen?

- ❏ Kann der Investor mit Ihrem Unternehmen seine Zielrendite und andere Interessen erreichen?

- ❏ Was ist ein realistischer Wert für Ihr Unternehmen? Auf welchen Annahmen beruhen die Berechnungen?

- ❏ Welchen Kapitalbetrag erhalten Sie für wieviel Prozent an Ihrem Eigenkapital?

- ❏ Welchen zusätzlichen Beitrag kann der Investor neben seinem finanziellen Engagement leisten („Smart Money")?

- ❏ Wie ist das Vorgehen beim Rückzug des Investors und bei weiteren Kapitalaufstockungen vertraglich geregelt?

# Anhang

Was ist
das Schwerste
von allem?
Mit den Augen
zu sehen,
was vor den
Augen dir liegt.

*Goethe*

# AUSFÜHRLICHES INHALTSVERZEICHNIS

## Teil 1: Gründungsprozess und Lebensweg von Wachstumsfirmen  7

### ERFOLGREICHE UNTERNEHMENSGRÜNDUNG  10
### DIE BETRACHTUNGSWEISE DER INVESTOREN  11
#### Unternehmensfinanzierung mit Venture Capital  12
*Was ist Venture Capital?*  12
*Was leisten Venture Capitalists für das neue Unternehmen?*  12
*Wie wählen Sie einen Venture Capitalist aus?*  12
### GRÜNDUNG IN DREI ENTWICKLUNGSSTUFEN  13
#### Entwicklungsstufen  13
#### 1. Entwicklung der Geschäftsidee  15
#### 2. Ausarbeitung des Businessplans  16
*Den Blick für das Ganze schulen*  16
*Risiken eingrenzen*  17
*Aufwand mit eigenen Mitteln finanzieren*  18
#### 3. Firmengründung, Marktauftritt und Wachstum  18
#### Ziel erreicht: Realisierung des Erfolgs  19
#### Lohn der Anstrengung  19

## Teil 2: Geschäftsidee – Konzeption und Präsentation  21

### WIE EINE GESCHÄFTSIDEE GEFUNDEN UND ENTWICKELT WIRD  25
#### Exkurs: Drei Arten, eine Geschäftsidee zu präsentieren  27
#### Innovative Geschäftsideen  28
### INHALT EINER ÜBERZEUGENDEN GESCHÄFTSIDEE  31
#### Kundennutzen  32
#### Markt  33
*Was ist der Markt für die angebotene Leistung?*  34
*Wie differenziert sich das Angebot von der Konkurrenz?*  34
#### Ertragsmechanik  35
#### Checkliste  36
### PRÄSENTATION DER GESCHÄFTSIDEE  37
#### Formale Präsentation der Geschäftsidee  38
### FALLBEISPIEL GESCHÄFTSIDEE „CITYSCAPE"  39

## Teil 3: Ausarbeitung des Businessplans — 43

    Gliederung des Businessplans — 45
    Inhaltliche Erarbeitung des Businessplans — 45
    Formale Gestaltung des Businessplans — 46
    Prägnanz – auch eine Frage des Stils — 47

## 1. Executive Summary — 49

## 2. Produktidee — 51

    **DIE UNWIDERSTEHLICHE GESCHÄFTSIDEE** — 53
    **SCHUTZ DER GESCHÄFTSIDEE** — 53
        Patentierung — 53
        Vertraulichkeitserklärung — 54
        Rasche Umsetzung — 54
    **PRÄSENTATION DER PRODUKTIDEE** — 55
        Checkliste — 55

## 3. Unternehmerteam — 57

    **BEDEUTUNG UND MERKMALE DES UNTERNEHMERTEAMS** — 59
        Das Team: Arbeitsteilung dank komplementärer Fähigkeiten — 59
        Das Team: Bei richtigem Einsatz überragende Leistung — 60
            *Merkmale des schlagkräftigen Unternehmerteams* — 61
        Das Team: Im Blickpunkt des Investors — 61
            *Worauf professionelle Investoren Wert legen* — 61
    **VOM GRÜNDERTEAM ZUM „DREAM TEAM"** — 62
        Fähigkeitsprofil der Teammitglieder — 63
    **VORSTELLUNG DES UNTERNEHMERTEAMS** — 64
        Checkliste — 64

## 4. Marketing — 65

Grundelemente des Marketingplans — 67

### MARKT UND WETTBEWERB — 69

Marktgrösse und Marktwachstum — 69

Wie man richtig schätzt — 70

Ein Schätzbeispiel — 71

Wettbewerbsstruktur — 72

### WAHL DES ZIELMARKTES — 72

Kundensegmentierung — 73

*Kriterien zur Kundensegmentierung (Beispiele)* — 74

Auswahl der Zielsegmente — 75

Positionierung gegenüber der Konkurrenz — 75

*Der Weg zur erfolgreichen Positionierung* — 76

Marktanteil und Verkaufsvolumen — 77

### MARKETINGSTRATEGIE — 77

Product: Produkteigenschaften — 77

Price: Preisgestaltung — 78

*Welchen Preis können Sie verlangen?* — 78

*Welche Strategie verfolgen Sie mit der Preisgestaltung?* — 78

*Beispiel für Preisgestaltung nach Kundennutzen* — 79

Place: Vertrieb — 80

*Kennzahlen zu Margen* — 81

*Der Vertriebskanal – das Tor zum Kunden* — 82

Promotion: Kommunikation mit dem Kunden — 84

*Kennzahlen zu Werbekosten* — 85

Checkliste — 86

## 5. Geschäftssystem und Organisation — 87

### DAS GESCHÄFTSSYSTEM — 89

Generisches Geschäftssystem — 89

Vom generischen zum spezifischen Geschäftssystem — 89

Fokus, Fokus, Fokus — 90

Geschäftssystem CityScape — 91

| ORGANISATION | 93 |
|---|---|
| Die schlagkräftige Organisation | 93 |
| Einfache Organisation für einen Start-up | 93 |
| Personalplanung | 95 |
| Kennzahlen zu Personalkosten | 94 |
| Werte | 95 |
| Beispiele von Werten und Normen | 96 |
| Der richtige Standort | 96 |
| Kennzahlen zu Büro- und Gewerbeflächen | 97 |
| „MAKE OR BUY" UND PARTNERSCHAFTEN | 98 |
| Eigenerstellung oder Fremdvergabe | 98 |
| Partnerschaften | 99 |
| Checkliste | 101 |

# 6. Realisierungsfahrplan — 103

| WIRKSAME PLANUNG | 105 |
|---|---|
| 1. Aufgaben in Arbeitspakete aufteilen | 105 |
| 2. Experten fragen | 105 |
| 3. Den kritischen Pfad beachten | 105 |
| 4. Risiken reduzieren | 106 |
| Warum realistische Planung wichtig ist | 106 |
| MÖGLICHE FOLGEN FALSCHER PLANUNG | 106 |
| Die Folgen optimistischer Planung | 106 |
| Die Folgen pessimistischer Planung | 107 |
| PRÄSENTATION DER PLANUNG | 108 |
| Checkliste | 108 |

# 7. Risiken — 109

| ERKENNEN DER RISIKEN | 111 |
|---|---|
| Wo Risiken lauern – Beispiele | 111 |
| SENSITIVITÄTSANALYSE | 113 |
| Kumulierte Cashflows | 113 |
| Checkliste | 114 |

## 8. Finanzierung — 115

### CASH IS KING — 117
### FINANZPLANUNG IM BUSINESSPLAN — 120
### FINANZIERUNGSQUELLEN FÜR NEUE UNTERNEHMEN — 121
- Finanzierungsquellen in unterschiedlichen Entwicklungsstadien — 121
- Die wichtigsten Finanzierungsquellen — 122
- Familiendarlehen — 122
- Staatliche Unterstützung — 123
- Hypotheken — 123
- Leasing (Kaufmiete) — 123
- Bankkredite — 124
- Venture Capital — 124
- Private Investoren („Business Angels") — 124

### BERECHNUNG DER RENDITE FÜR DIE KAPITALGEBER — 125
- *Renditeberechnung* — 125

### EXKURS: GRUNDLAGEN DER FINANZRECHNUNG — 128
### DIE ERFOLGSRECHNUNG — 128
- Beispiel einer einfachen Erfolgsrechnung — 129
- Erläuterungen zu den Posten der Erfolgsrechnung — 129
- Struktur der Erfolgsrechnung in ausgewählten Branchen — 131

### DIE BILANZ — 132
- Erläuterungen zu den Posten der Bilanz — 132
- Beispiel einer einfachen Bilanz — 133
- Bilanzstruktur ausgewählter Branchen — 134

### DER CASHFLOW AUS OPERATIVER TÄTIGKEIT — 136
- Direkte Berechnung des Cashflows — 136
  - *Illustration direkte Berechnung des Cashflows* — 137
- Beispiel indirekte Herleitung des Cashflows — 138
- Ableitung des Cashflows aus Erfolgsrechnung und Bilanz — 139
- Checkliste — 139

## Businessplan CityScape — 141

# Teil 4: Eigenmittelbeschaffung und Unternehmensbewertung  171

## UNTERSCHIEDLICHE INTERESSEN  174
### Die Interessen des Unternehmerteams  174
### Die Interessen der Kapitalgeber  175

## DER WEG ZUM DEAL  176
#### *Typischer Ablauf einer Venture-Capital-Finanzierung*  176
#### *Beispiel eines Term Sheet*  178

## DIE UNTERNEHMENSBEWERTUNG  181
### Vorgehen des Venture Capitalists  181
#### *Mögliche Wertentwicklung schnell wachsender IT-Start-ups in Deutschland*  182
#### *Mögliche Wertentwicklung schnell wachsender Life-Science-Start-ups in Deutschland*  183
### Eigene Berechnung des Unternehmenswertes  184
### Berechnen mit Discounted Cashflows (DCF)  185
#### *Unternehmensbewertung nach DCF-Methode*  186
#### *Discounted-Cashflow-Methode (DCF)*  188
### Abschätzen mit Multiples  189
#### *Unternehmensbewertung mittels Multiples*  190
#### *Multiples*  191
### Synthese der verschiedenen Unternehmenswerte  192
#### *So bekommen Sie ein besseres Zahlengefühl*  193
### Berechnung des Kapitalgeber-Anteils  193

## DIE VERHANDLUNG  197

## KAPITALERHÖHUNGEN MIT WEITEREN INVESTOREN  199
#### *Vorgehen bei weiteren Kapitalerhöhungen*  199
#### *Checkliste*  200

# GLOSSAR

| | |
|---|---|
| **Abschöpfungsstrategie** | Preisstrategie, bei der ein Preis hoch angesetzt wird, um eine möglichst hohe Bruttomarge und somit eine hohe Gewinnabschöpfung zu erzielen; wird v.a. bei neuartigen Produkten oder Dienstleistungen mit wenig Alternativen für den Kunden angewandt |
| **Abschreibungen** | Senkung des Buch- oder Marktwertes eines Aktivums; z.B. jährlicher Wertverlust von Computer-Hardware |
| **Agent** | Vermittler im Vertrieb/Verkauf, der nicht zur eigenen Firma gehört; meistens vertreibt der Agent ebenfalls Produkte oder Dienstleistungen anderer Hersteller |
| **Aktionärsbindungsvertrag** | Vertragliche Vereinbarung über die Konditionen der zukünftigen Zusammenarbeit und Eigentumsverhältnisse zwischen Eigenkapitalgeber und Unternehmerteam |
| **Anlagevermögen** | Vermögenswerte, die sich aus sogenannten Gebrauchsgütern zusammensetzen und der mehrmaligen, sukzessiven oder dauernden Nutzung dienen |
| **Aktivum, Aktiva** | Einer Firma zur Verfügung stehende Vermögenswerte, bestehend aus Umlaufvermögen und Anlagevermögen |
| **Banklimite** | Bis zu einem Maximalbetrag gesprochener Kredit, der nicht voll ausgeschöpft werden muss, wobei Zinsen nur auf dem tatsächlich beanspruchten Betrag anfallen |
| **Bankrott** | Umgangssprachlich für Konkurs |
| **Best case** | Geschäftsszenario unter Annahme mehrheitlich positiver Ereignisse oder Verläufe („günstigster Fall") |
| **Bilanz** | Aufstellung der Vermögens- und Schuldverhältnisse (Aktiva und Passiva) eines Unternehmens an einem Stichtag |
| **Börsengang** | Siehe Initial Public Offering |
| **Breakeven** | Im Zusammenhang mit Start-up: Zeitpunkt, an dem positive Cashflows erarbeitet werden; generell: Zeitpunkt, an dem die Gewinnschwelle überschritten und ein Gewinn realisiert wird |
| **Bruttoinvestitionen** | Investitionen in neue Anlagen/Immobilien zum Anschaffungspreis, d.h. vor Abzug der im Kaufjahr anfallenden Abschreibungen |
| **Bruttomarge** | Betrag, der vom Verkaufserlös oder Umsatz übrigbleibt, wenn die direkt mit dem Produkt oder der Dienstleistung zusammenhängenden Kosten abgezogen sind; oft ausgedrückt in Prozent des Umsatzes |

| | |
|---|---|
| **Buchgewinn/-verlust** | Gewinne/Verluste, die allein durch das Ausführen einer Buchungsoperation entstehen, indem ein im Wert gestiegenes/gesunkenes Aktivum oder Passivum in der Bilanz im Wert angepasst wird |
| **Buchhaltung** | Instrument/Funktion zur Messung und Darstellung der finanziellen Lage und des Erfolgs eines Unternehmens |
| **Bürgschaft** | Verpflichtung eines Bürgen gegenüber dem Gläubiger eines Schuldners, für die Erfüllung der Schuld einzustehen |
| **Burn Rate** | Geschwindigkeit, mit der Geld aufgebraucht wird; z.B. ausgedrückt in Franken pro Monat |
| **Business Angel** | Vermögende Einzelperson, die Kapital (Venture Capital) zur Verfügung stellt; nichtprofessioneller Venture-Capital-Geber |
| **Businessplan** | Bericht/Arbeitspapier, der/das klar und prägnant Auskunft gibt über alle Aspekte eines neuen Unternehmens, die für Investoren wichtig sind; dazu gehören Fragen der Produktidee, des Marktes, des Teams und der Führung, des zukünftigen Betriebs, betriebswirtschaftliche Analysen etc. |
| **Call Center** | Telefonzentrale, die in der Lage ist, eine Grosszahl von Anrufen entgegenzunehmen und abzuwickeln; typische Anwendungen: Aufnahme telefonischer Bestellungen im Direktvertrieb (z.B. Versandhäuser) oder Informations- und Reservationsdienste (Telefon, Fluggesellschaften) |
| **Cashflow** | Nettogeldzufluss in einer bestimmten Zeitspanne |
| **Closing** | Zeitpunkt, in welchem eine Finanzierungsrunde durch Unterschrift unter den Aktionärsbindungsvertrag besiegelt wird |
| **Copyright** | Urheberrechtsschutz, um Nachahmung einer Idee, eines Namens oder eines Produktes zu unterbinden |
| **Differenzierung** | Begriff aus dem Marketing, beschreibt die Verschiedenartigkeit von Angeboten, d.h., wie verschiedene Produkte oder Dienstleistungen sich voneinander unterscheiden |
| **Direct Mail** | Kundenansprache durch direktes Anschreiben per Post (im Gegensatz zu Zeitungsinseraten oder TV-Werbespots); um ein bestimmtes Kundensegment anzusprechen, werden die Adressaten meistens nach speziellen demographischen Kriterien selektiert |
| **Discounted-Cashflow-Methode** | Verfahren zur Bewertung von Unternehmen, bei dem der Unternehmenswert (Equity Value) sich aus der Summe der zukünftigen diskontierten Freien Cashflows (Entity Value) abzüglich des Marktwertes des Fremdkapitals ergibt |
| **Diskontierungsfaktor** | Wert, mit dem eine Grösse (z.B. Cashflows) auf einen zurückliegenden oder zukünftigen Zeitpunkt zurück- bzw. hochgerechnet wird |

| | |
|---|---|
| Diskontierungssatz | Prozentsatz für die Diskontierung, der bei Start-ups häufig annäherungsweise durch die – für das eingegangene Risiko – erwartete Rendite des Investors bestimmt wird |
| Due Diligence | Detaillierte Prüfung und Bewertung aller risiko- und ertragsrelevanten Unternehmensaspekte |
| Early Stage | Entwicklungsphase eines Unternehmens von der Firmengründung bis zum Marktauftritt und zu ersten Markterfolgen |
| EBIT | Earnings Before Interest and Taxes (Gewinn vor Zinsen und Steuern) |
| EBITDA | Earnings Before Interest, Taxes, Depreciation and Amortisation (Gewinn vor Zinsen, Steuern, Abschreibungen und Amortisation) |
| Eigenkapital | Reinvermögen des Unternehmens: Aktiva – Fremdkapital; Eigenkapital besteht aus Grundkapital, gesetzlichen Reserven, übrigen offenen Reserven, Gewinnvorträgen, stillen Reserven |
| Entity Value | Gesamtwert, d.h. Wert des Eigenkapitals (Equity Value) und Fremdkapitals eines Unternehmens |
| Equity Value | Marktwert des Eigenkapitals, Synonym für Unternehmenswert |
| Erfolgsrechnung | Aufstellung der Aufwendungen und Erträge (beide brutto) innerhalb einer gewissen Zeitspanne (meistens 1 Jahr). Saldo = Gewinn/Verlust |
| Ertragsmechanik | Mechanik oder System, nach dem ein Unternehmen seinen Gewinn erwirtschaftet; Beispiele: Kauf/Verkauf bei einem Handelsunternehmen, Franchising bei einer Fast-Food-Kette |
| Exit | Zeitpunkt, zu dem ein Kapitalgeber durch Veräusserung seiner Anteile die Beteiligung an einem Unternehmen beendet |
| Exit-Strategie | Strategie zur Realisierung des Gewinns aus einer Investition |
| Expansion Phase | Weiteres intensives Wachstum eines (neuen) Unternehmens, z.B. nach ersten Markterfolgen (bei Unternehmensgründungen folgt diese Phase nach der Start-up-Phase) |
| Fortführungswert | Wert aller erwarteten zukünftigen Freien Cashflows eines Unternehmens für die Jahre nach dem festgelegten Prognosezeitraum |
| Finanzierung | Beschaffung oder Bereitstellung von finanziellen Ressourcen/Kapital für ein Projekt oder Unternehmen |
| Finanzplanung | Analyse der finanziellen Situation eines Unternehmens und Prognose/Abschätzung der zukünftigen finanziellen Entwicklung, z.B. Kapitalbedarf |

| | |
|---|---|
| **Franchising** | Vertriebs- und Lizenzsystem, bei dem selbständige Franchisenehmer Markenartikel oder Serviceleistungen eines Unternehmens (Franchisegeber) verkaufen, wobei letzteres die Geschäftspolitik bestimmt. Der Franchisenehmer bezahlt eine Lizenzgebühr |
| **Freier Cashflow** | Basis für die Berechnung des Unternehmenswertes (siehe Seite 138 zur indirekten Cashflow-Herleitung) |
| **Fremdkapital** | Einem Unternehmen zur Verfügung gestelltes Kapital, das mit Verbindlichkeiten verbunden ist, z.B. Zinszahlungen; unterschieden wird nach der Mittelherkunft und der Fälligkeit der Verbindlichkeiten, z.B. kurzfristiges und langfristiges Fremdkapital |
| **Gantt Chart** | Übersicht über den zeitlichen Verlauf eines Projektes, in der verschiedene Projektaktivitäten in ihrer zeitlichen Abfolge und Dauer (durch Balken) abgebildet werden |
| **Geldfluss** | Siehe Cashflow |
| **Geschäftssystem** | Beschreibung von Einzeltätigkeiten eines Unternehmens und deren gegenseitiger Abhängigkeit; das Geschäftssystem zeigt, welche Tätigkeiten wie ablaufen müssen, damit ein Produkt hergestellt oder eine Dienstleistung erbracht werden kann |
| **Going Public** | Siehe Initial Public Offering |
| **Hard Money** | Kapital, das eine Rendite erwirtschaften muss, z.B. Venture Capital |
| **Hurdle Rate** | Minimale Rendite (Internal Rate of Return), die erreicht werden muss, damit eine Investition interessant erscheint (bei Venture Capital 30–40%) |
| **Hypothek** | Pfandrecht an einem Grundstück zur Sicherung eines ausbezahlten Krediter; z.B. von seiten einer Bank gegenüber dem Kreditnehmer |
| **Initial Public Offering** | Erstmaliger Börsengang eines Unternehmens und Publikumsöffnung, d.h., eine breitere Öffentlichkeit erhält Gelegenheit, in eine Firma zu investieren |
| **Internal Rate of Return** | Diskontsatz, bei dem der NPV aller negativen und positiven Cashflows gleich null wird |
| **IPO** | Siehe Initial Public Offering |
| **IRR** | Siehe Internal Rate of Return |
| **Kleine und mittlere Unternehmungen** | Kleine und mittlere Unternehmungen der Grösse bis ca. 250 Mitarbeiter |
| **KMU** | Abkürzung für kleine und mittlere Unternehmungen |

| | |
|---|---|
| **Konkurrenzanalyse** | Analyse der Mitbewerber im gleichen Absatzmarkt mit dem Ziel, Stärken und Schwächen der Mitbewerber zu verstehen |
| **Konkurs** | Einstellung aller Zahlungen eines Unternehmens wegen Zahlungsunfähigkeit mit nachfolgender Auflösung des Unternehmens |
| **Kundennutzen** | Vorteile/Werte, die sich für den Kunden aus der Nutzung eines Produktes oder einer Dienstleistung ergeben |
| **Kundensegmente** | Aufteilung eines Gesamtmarktes in spezielle Kundengruppen (= Segmente), die gewisse Kriterien, z.B. geographische, demographische oder soziale, erfüllen |
| **Kurs-Gewinn-Verhältnis** | Verhältnis von Börsenkurs eines Unternehmens zu seinem Reingewinn pro Aktie |
| **Kurzfristige Schulden** | Schulden, die innert eines Geschäftsjahres zurückbezahlt werden müssen (Kreditoren, Kontokorrent) |
| **Langfristige Schulden** | Schulden, die nicht innert eines Geschäftsjahres zurückbezahlt werden müssen (Hypotheken, mehrjährige Darlehen) |
| **Leasing** | Mietgeschäft über Ausrüstungsgegenstände, Werkzeuge und Immobilien für den Gebrauch, wobei der Vermieter Eigentümer bleibt, der Mieter aber das Recht hat, den gemieteten Gegenstand nachträglich zu kaufen, unter teilweiser Anrechnung der bereits geleisteten Mietgebühren |
| **Letter of Intent** | Dokumentation der ersten Vorverhandlungsergebnisse sowie der Absicht, nach weiteren Prüfungen zu einer vertraglichen Einigung zwischen Venture Capitalist und Jungunternehmen zu kommen |
| **Leverage** | Grad der Fremdverschuldung eines Unternehmens, meistens ausgedrückt durch das Verhältnis von Fremd- zu Eigenkapital |
| **Liquidation** | Verflüssigung der Aktiva eines Unternehmens mit anschliessender Bezahlung der Verpflichtungen und Auflösung des Unternehmens |
| **Liquidität** | Fähigkeit, fällige Zahlungsverpflichtungen zu erfüllen, z.B. indem genügend flüssige Mittel vorhanden sind |
| **Lizenz** | Durch Vertrag erworbene Befugnis zur Herstellung oder Erbringung eines patentrechtlich geschützten Produktes oder einer Dienstleistung, meistens verknüpft mit einer Lizenzgebühr |
| **Lizenzgebühr** | Gebühr, die bezahlt werden muss, um eine Lizenz zu erwerben |
| **Make or Buy** | Entscheidung, ob ein Produkt oder eine Dienstleistung selber hergestellt (make) oder eingekauft (buy) wird |
| **Marge** | Unterschied zwischen Verkaufspreis und Selbstkosten, auch Verdienstspanne genannt |

| | |
|---|---|
| Markenschutz | Siehe Trademark |
| Marketing | Bearbeitung von Märkten, um (Tausch-)Geschäfte zu realisieren, durch die Kundenbedürfnisse befriedigt werden; in vielen Fällen eine Unternehmensfunktion (die Marketing-Abteilung), oft auch eine Unternehmensphilosophie, bei der das betriebswirtschaftliche Handeln konsequent auf die Erfordernisse des Marktes ausgerichtet wird |
| Marktanalyse | Analyse von Bezugs- und Absatzmärkten mit dem Ziel festzustellen, ob und wie ein bestimmter Markt ein Produkt aufnimmt |
| Marktdurchdringung | Prozentualer Anteil eines Anbieters X am Gesamtmarkt (der genau zu definieren ist) |
| Mezzanine | Finanzierungsrunde im mittleren Entwicklungsstadium eines neuen Unternehmens, meistens letzte Runde vor dem Initial Public Offering |
| Mittelflussrechnung | Siehe Cashflow |
| Multiple | Bewertungsmultiplikator zur Bestimmung des Unternehmenswertes, mit dem Werte eines Vergleichsunternehmens in Beziehung gesetzt werden (z.B. Kurs-Gewinn-Verhältnis) |
| Net Present Value | Nettowert eines zukünftigen Vermögenswerts, z.B. eines Cashflows, aus Sicht der Gegenwart; Antwort auf die Frage: Wieviel ist ein zukünftiger Geldbetrag heute wert? |
| Nettoerfolg | Gewinnsaldo nach Bezahlung aller Ausgaben und Steuern |
| Neutraler Erfolg | Erfolg/Gewinn aus nicht üblicher Geschäftstätigkeit des Unternehmens (Börsengewinne, Verkauf von Maschinen über Buchwert etc.) |
| Normal Case | Annahme des nach bestem Wissen und Gewissen wahrscheinlichsten Geschäftsszenarios, oft auch „base case" genannt |
| NPV | Siehe Net Present Value |
| Operativer Cashflow | Siehe Freier Cashflow |
| Operativer Erfolg | Gewinn aus üblicher Geschäftstätigkeit des Unternehmens = Gewinn – Neutraler Erfolg |
| Passivum, Passiva | Beschreibung der Kapitalquellen und der damit verbundenen Verbindlichkeiten eines Unternehmens |
| Patent | Rechtsschutz von geistigem Eigentum. Geschützt werden können Produkte, aber auch Verfahren; in diesem Falle unterstehen auch die unmittelbar mit diesem Verfahren hergestellten Produkte dem Patentschutz; ein Patent kann man selber nutzen oder als Lizenz an Dritte weitergeben |

| | |
|---|---|
| Payback-Periode | Zeitraum, bis sämtliche negativen Cashflows durch positive Cashflows kompensiert sind |
| Penetrationsstrategie | Strategie zur Erreichung eines bestimmten Marktanteils, der sogenannten Zielpenetration, z.B. bei der Einführung eines neuen Produktes mit niedrigen Preisen |
| Planbilanz | Geplante Vermögens- und Schuldverhältnisse an einem in der Zukunft liegenden Stichtag |
| Plan-Cashflow-Rechnung | Geplanter Nettogeldzufluss in einer bestimmten Periode |
| Planerfolgsrechnung | Aufstellung der für die Zukunft geplanten Aufwendungen und Erträge innerhalb einer gewissen Zeitspanne (meistens 1 Jahr); Saldo = Gewinn |
| Plangewinn-/Plan-verlustrechnung | Siehe Planerfolgsrechnung |
| Positionierung | Begriff aus dem Marketing; beschreibt, wo und wie ein Produkt oder ein Unternehmen in den Augen der Kunden plaziert ist, z.B. in bezug auf verschiedene Kundensegmente oder im Vergleich zur Konkurrenz |
| Post-Money-Wert | Wert eines Unternehmens inklusive der Einlage eines Investors (definiert durch Pre-Money-Wert plus Einlage) |
| Pre-Money-Wert | Wert eines Unternehmens vor der Einlage eines Investors |
| Price-Earnings-Ratio (PE-Ratio) | Siehe Kurs-Gewinn-Verhältnis |
| Private Equity | Beteiligungsfinanzierung, d.h. Beteiligung von Eigenkapitalgebern an privaten, nicht börslich kotierten Unternehmen |
| Promotion | Kommunikationsmittel und -aktionen, mit denen dem Kunden die Vorteile eines Produktes oder einer Dienstleistung vermittelt werden sollen |
| Reingewinn (Jahresüberschuss) | Summe aller Erträge abzüglich aller Aufwendungen |
| Rentabilität | Gewinn/Erfolg einer Unternehmung im Verhältnis zum Umsatz oder zum eingesetzten Kapital |
| Revisionsstelle | Prüft, ob die Bilanz und die Erfolgsrechnung mit der Buchhaltung übereinstimmen, die Buchhaltung ordnungsgemäss geführt ist und bei der Darstellung der Vermögenslage und des Geschäftsergebnisses die gesetzlichen Bewertungsvorschriften eingehalten wurden |
| Rollover-Kredit | Mittel- bis langfristiger ungedeckter Vorschuss, dessen Verzinsung in regelmässigen Abständen dem allgemeinen Zinsniveau angepasst wird |
| Rounds of Financing | Finanzierungsstufen oder -schritte eines Unternehmens |

| | |
|---|---|
| Seed money | Geld für die Finanzierung der Seed phase |
| Seed phase | Erste Entwicklungsphase eines Unternehmens, meistens noch vor der Firmengründung, in der die Geschäftsidee entwickelt wird |
| Sensitivitätsanalyse | Analyse der Wirkung möglicher Veränderungen der Erlöse und Kosten auf die Profitabilität eines Projektes oder eines Unternehmens |
| Smart Money | Nicht-finanzieller Beitrag eines Kapitalgebers, z.B. in Form von Verbindungen, Markt- oder Rechtskenntnissen |
| Soft Money | Kapital, für welches kein Renditezwang besteht; wird meistens von Familie, Bekannten, Staat oder Stiftungen zur Verfügung gestellt |
| Start-up | Unternehmen kurz vor oder nach der Gründung, oft auch Bezeichnung für ein Wachstumsunternehmen (ein „Start-up"); abgeschlossen ist ein Start-up mit einem Initial Public Offering oder mit dem Verkauf des Unternehmens |
| Start-up phase | Siehe Early stage |
| Stock-Option-Plan | Plan zur Beteiligung der Mitarbeiter an der Wertentwicklung eines Unternehmens mit Hilfe von Optionen auf die Aktien des Unternehmens |
| Substitute | Andersartige Produkte, die das gleiche Kundenbedürfnis befriedigen |
| Term Sheet | Vorvertrag; Einigung zwischen einem Investor und dem Unternehmerteam vor der endgültigen Vertragsausarbeitung |
| Trademark | Bezeichnet den Schutz einer Marke (Bezeichnungsmonopol) |
| Umlaufvermögen | Vermögenswerte, die sich im normalen Ablauf der Geschäftstätigkeit kurzfristig in flüssige Mittel verwandeln lassen |
| Umsatz | Sämtliche Einnahmen oder Erlöse, die aus dem Verkauf von hergestellten Produkten oder erbrachten Dienstleistungen entstehen |
| Unique Selling Proposition | Begriff aus dem Marketing, „einzigartiges Verkaufsangebot", d.h. schlagendes Verkaufsargument oder spezielle Eigenschaft, welche einem Produkt oder einer Dienstleistung einen grösseren Kundennutzen verschafft |
| Unternehmensanteil des Investors | Einlage des Investors dividiert durch den Post-Money-Wert des Unternehmens |
| Unternehmensbewertung | Verfahren, bei dem der Wert des Eigenkapitals (Unternehmenswert) eines Unternehmens zu einem bestimmten Zeitpunkt bestimmt wird (Unterscheidung nach Pre-Money- und Post-Money-Wert) |
| Unternehmenswert | Marktwert des Eigenkapitals eines Unternehmens, Synonym für Equity Value |

| | |
|---|---|
| **Urheberrecht** | Siehe Copyright |
| **USP** | Siehe Unique Selling Proposition |
| **Valuation** | Siehe Unternehmensbewertung |
| **Velocity** | „Geschwindigkeit" der Umsetzung des Businessplans: „High Velocity" schafft einen Vorsprung zur Konkurrenz |
| **Venture Capital** | Geld von Investoren für die Finanzierung von neuen, wachstumsstarken Unternehmen, „Risikokapital" |
| **Venture Capital Fund** | Fonds, aus dem der professionelle Venture Capitalist seine Investitionen finanziert |
| **Vertrieb** | Planung, Implementierung und Kontrolle des Transports von Produkten und Dienstleistungen vom Ausgangspunkt bis zum Kunden |
| **Vertriebskanal** | Physischer Weg, auf dem ein Produkt vom Unternehmen zu den Kunden gelangt; es gibt verschiedene Formen: Direktvertrieb, Einzelhändler, Agenten, Franchising, Grosshändler |
| **Win-Win-Situation** | Situation, in der alle beteiligten Personen oder Unternehmen gewinnen oder den Vorteil als gerecht verteilt empfinden |
| **Worst Case** | Annahme eines Geschäftsszenarios mit Einberechnung mehrheitlich ungünstiger Bedingungen („ungünstigster Fall") |

# LITERATURVERZEICHNIS

| | |
|---|---|
| Abrams Rhonda M. | The Successful Business Plan: Secrets & Strategies, second edition, 1993. Grants Pass, Oregon, USA: The Oasis Press. |
| Copeland Tom, Koller Tim, Murrin Jack | Unternehmenswert – Methoden und Strategien für eine wertorientierte Unternehmensführung, 1993. Frankfurt: Campus Verlag. |
| Fisher Roger, Ury William | Getting to YES, Negotiating Agreement Without Giving In, second edition, 1991. Penguin Books. |
| Gsell Emil, Dubs Rolf | Die Gründung einer Unternehmung, 2. Auflage, 1985. Zürich, CH: Verlag des Schweizerischen Kaufmännischen Verbandes. |
| Halloran James W. | Entrepreneurship. New York, USA: McGraw-Hill, Inc., 1994. |
| Hierhold Emil | Sicher Präsentieren – wirksamer Vortragen, 4. Auflage, 1998. Wien, A: Wirtschaftsverlag Carl Ueberreuter. |
| Katzenbach Jon R., Smith Douglas K. | Teams. Der Schlüssel zur Hochleistungsorganisation, 1993 Wien, A: Wirtschaftsverlag Carl Ueberreuter. |
| Kotler Philip | Marketing Management, seventh edition, 1991. Englewood Cliffs, New Jersey, USA: Prentice-Hall, Inc. |
| Pinson Linda, Jinnett Jerry | Anatomy of a Business Plan, third edition, 1996. Chicago, Illinois, USA: Upstart Publishing Company. |
| Rieder Lukas, Siegwart Hans | Neues Brevier des Rechnungswesens, 2. Auflage, 1994. Bern, CH: Verlag Paul Haupt. |
| Scheidegger Alfred, Geilinger Ulrich, Niedermann Claus | Swiss Venture Capital Guide 1998/99, Bern; Verlag Paul Haupt. |
| Seiler Armin | Marketing. Erfolgreiche Umsetzung in die Praxis, 1991. Zürich, CH: Verlag Orell Füssli. |
| Spremann Klaus | Wirtschaft, Investition und Finanzierung, 5. Auflage, 1996. München, D: R. Oldenbourg Verlag GmbH. |
| Stevenson Howard H., Roberts Michael J., Grousbeck H. Irving | New Business Ventures and the Entrepreneur, fourth edition, 1994. Burr Ridge, Illinois, USA: Irwin. |
| Thommen Jean-Paul | Betriebswirtschaftslehre, Band I, 4. Auflage, 1996. Zürich, CH: Versus Verlag AG. |

## Nützliche Internet-Adressen

| | |
|---|---|
| **Venture 2000** | Businessplan-Wettbewerb von McKinsey Schweiz und der ETH Zürich<br>**www.venture.ethz.ch** und **www.mckinsey.ch** |
| **Boom** | Magazin für Jungunternehmer in oder vor der Start-up-Phase<br>**www.boom.ch** |
| **DataMerge, Inc.** | Internationales Finanz-Center, Vermittler von Venture Capital<br>**www.datamerge.com/venture-capital** |
| **Deutsche Börse AG** | Informationen über die Venture Management Services (VMS)<br>**www.exchange.de/vms** |
| **European Venture Capital Association** | Informationen zum Thema Venture Capital und zur Organisation der Europäischen Venture Capital Vereinigung<br>**www.evca.com** |
| **Innonet Schweiz** | Plattform für Innovation, Business und Informationssysteme für Unternehmensgründer, Wirtschaftsförderer und Financiers<br>**www.innonet.ch** |
| **KTI Start-up** | Initiative der Kommission für Technologie und Innovation (KTI) zur Unterstützung von Start-ups durch die Privatindustrie, Hochschulen und das Bundesamt für Berufsbildung und Technologie<br>**www.ktistartup.ch** |
| **Münchener Businessplan-Wettbewerb 1998-99** | **www.m-bpw.de** |
| **Venture Associates** | Investment Banking und Management-Beratung für neue Unternehmen und Jungunternehmer<br>**www.venturea.com** |
| **Venture Planning Associates** | Beratung in Business Development, Venture Capital, Mergers & Acquisitions<br>**www.hawaiian.com/vpa/index** |